Ingo Vogel

Sag es einfach emotional

Ingo Vogel

SAG ES EINFACH EMOTIONAL

Gefühl schlägt Verstand –
in jeder Kommunikation

Econ

FSC
www.fsc.org
MIX
Papier aus verantwortungsvollen Quellen
FSC® C014496

Econ ist ein Verlag der Ullstein Buchverlage GmbH

ISBN 978-3-430-20230-5

Lektorat: Annalisa Viviani, München
Umschlaggestaltung: FHCM GRAPHICS, Berlin
Gesetzt aus der Scala OT bei L42 AG, Berlin
Druck und Bindung: GGP Media GmbH, Pößneck
Printed in Germany

Gewidmet meiner Frau Astrid
und meinem Wohlfühlort Caputh

INHALT

VORWORT

Wann haben Sie das letzte Mal einem Menschen ein Lächeln ins Gesicht gezaubert oder andere im positiven Sinn sprachlos gemacht? Wann hat ein Gesprächspartner Sie begeistert angeschaut und Ihnen wie gebannt zugehört – oder wann hat Ihr Gegenüber Ihnen voller Bewunderung ein riesengroßes Kompliment für Ihr tolles, außergewöhnliches Auftreten gemacht? Erinnern Sie sich noch daran?

Hand aufs Herz: Wann haben Sie das letzte Mal an Ihre persönlichste Visitenkarte, Ihr wichtigstes Ausdrucksmittel, Ihr wohl größtes Erfolgsinstrument: an die Performance Ihrer Sprache gedacht?

Schön, dass Sie sich jetzt gerade darum kümmern, denn sonst hielten Sie ja wohl kaum mein neues Buch in der Hand.

Unsere Sprache bestimmt unsere Ausstrahlung und Wirkung auf andere Menschen, entscheidet über Sympathiewerte und Überzeugungskraft und letztendlich über den Erfolg unseres Lebens. Denn womit sonst drücken wir all unsere Gedanken, Wünsche, Träume und Ziele aus?

Doch wie effektiv nutzen Sie Ihre größte Erfolgsreserve? Wie wirkungsvoll kommunizieren Sie? Und, vor allem, wie gut gelingt es Ihnen, andere damit zu begeistern, in den Bann zu ziehen, mitten ins Herz zu treffen und zu den von Ihnen angestrebten Zielen zu (ver-)führen? Die Antworten darauf sind der Schlüssel zu Ihrem ganz persönlichen Maximum an Erfolg, Leichtigkeit und Lebensqualität. Und die Sprache, die Sie dafür brauchen, ist die emotionale Sprache – eine Sprache, die Menschen schnell, intensiv und emotional anspricht. Wollen Sie diese sehr authentische, faszinierend wirkungsvolle und erfrischend andere Sprache kennen lernen, die Ihnen Antworten auf die oben aufgeworfenen Fragen liefert und eine optimale Performance dafür garantiert?

Dann lassen Sie uns gemeinsam auf die spannende Reise gehen und die unglaublich wertvollen Facetten emotionaler Sprache entdecken. Ich werde Sie in diesem Buch ganz bewusst aus den unterschiedlichsten Blickwinkeln mit den entscheidenden Faktoren emotionaler Kommunikation konfrontieren, damit Sie diese verinnerlichen und später intuitiv anwenden können.

Ich wünsche Ihnen unendlich viele inspirierende Impulse, Eindrücke und Erkenntnisse. Und genauso viel Freude bei der Lektüre und beim Anwenden, wie ich sie beim Aufschreiben dieser Gedanken hatte. Denn dieses Buch habe ich für Sie geschrieben. Genießen Sie es bitte!

Ingo Vogel
im Juni 2017, Berlin/Caputh

EINFÜHRUNG

Herzlich willkommen im Zeitalter des digitalen Wandels! In einer sich rasend schnell entwickelnden digitalen Welt, die zunehmend unsere Gesellschaft, unser soziales Miteinander und damit auch unsere ganz persönlichen Gewohnheiten revolutioniert. Immer häufiger findet unsere zwischenmenschliche Kommunikation heute via E-Mail, WhatsApp und Skype statt. Immer weniger wird von Angesicht zu Angesicht miteinander geredet. Selbst die Form unserer Sprache verändert sich und wird den neuen Medien oft durch Abkürzungen, spezielle Begrifflichkeiten, Emoticons und dergleichen angepasst.

Ist es unter diesen Umständen überhaupt noch sinnvoll, sich Gedanken über die Sprache zu machen, sich damit intensiv auseinanderzusetzen und neue Potentiale zu entwickeln? Spielt die konventionelle, althergebrachte Sprache in dieser neuen Welt noch eine tragende Rolle? Oder ist sie längst überholt und hat ausgedient?

Mitnichten, davon bin ich fest überzeugt! Denn Menschen begegnen, brauchen und lieben Menschen. Wir brauchen die persönliche Nähe, das soziale Miteinander, den Blick in die Augen des anderen, seine sicht- und fühlbaren körpersprachlichen Signale, um ihn zu begreifen, zu erkennen, woran wir bei ihm sind, und um entscheiden zu können, ob wir einen Freund oder Feind vor uns haben. Dies übrigens nicht nur trotz, sondern gerade wegen der immer schnelleren Digitalisierung unserer Welt, die viele Menschen zunehmend verunsichert und orientierungslos macht. Zudem werden die wirklich großen Entscheidungen wie Kaufverträge, Eheschließungen oder Bewerbungsgespräche auch heute noch immer persönlich oder zumindest abschließend persönlich getroffen. Selbst die innovativen Ideen, Ziele und revolutionären Strategien der jungen Visionäre und Start-ups, die den digitalen Wandel weiter vorantreiben wollen, müssen geeignet und wirkungsvoll an Investoren und Märkte kommuniziert werden, um sich wirklich durchzusetzen, schnell zu etablieren und erfolgreich zu werden. Und dabei müssen nicht nur die Ideen selbst, sondern auch die Persönlichkeiten der Visionäre überzeugen. So wird es in absehbarer Zeit auch erst einmal bleiben: Sprache ist und bleibt die entscheidende, wirkungsvolle Schnittstelle – zumindest so lange, bis den in der neuen digitalen Welt aufgewachsenen Generationen dieses persönliche Miteinander irgendwann völlig fremd werden wird. Falls dies überhaupt passiert.

Für Generationen in weiter Ferne habe ich dieses Buch auf jeden Fall nicht geschrieben, sondern für Sie. Für unsere Gegenwart und die unmittelbare Zukunft. Denn natürlich weiß auch ich nicht, wohin sich die neue digitale Welt, unsere Gewohnheiten und folglich auch die Anwendung und Bedeutung unserer Sprache in der entfernten Zukunft einmal entwickeln werden.

Was ich jedoch ganz sicher weiß und mich von Herzen beschäftigt, ist, wie unglaublich wichtig unsere Sprache nach wie vor für die Qualität und den Erfolg unseres Lebens ist. Wohl kaum etwas kann uns so weit nach vorne bringen und zu wahren Höhenflügen verhelfen oder so blockieren und schaden wie unsere persönliche Sprache. Es lohnt sich also, sich damit zu beschäftigen!

Wissen Sie, was die allermeisten Menschen mit Sprache verbinden? Gesprochene Worte, Inhalte, die Vermittlung von Zahlen und Fakten. Einige denken dabei auch an Rhetorik – möglichst perfekte Sätze, um ihre wichtigen Inhalte zielgerichtet an den Mann zu bringen Andere verbinden damit auch die Körpersprache, die unseren Worten angeblich viel mehr Nachdruck verleihen soll.

Aber ist das wirklich alles, was uns unsere Sprache zu bieten hat? Sicher ahnen Sie jetzt bereits, dass es bei Sprache um sehr viel mehr geht.

Und Sie haben recht. Wirkungsvolle, lebendige Sprache, erfolgreiche Kommunikation lebt von großer Authentizität und viel Einfühlungsvermögen, von echter Begeisterung und purer Leidenschaft, von ehrlichem Interesse an und spürbarer Aufmerksamkeit für andere Menschen. Und von Klarheit und Verbindlichkeit, Zielgerichtetheit und Entschlossenheit. Klingt nach wahnsinnig viel Zutaten und Spielregeln, die beim erfolgreichen Kommunizieren zu beachten sind, oder? Keine Angst, es lässt sich auf eine klare Essenz reduzieren.

Wir können es auch viel einfacher und kürzer ausdrücken: Letztendlich hängt der wahre Wert, die Bedeutung und Wirkung und damit das Gelingen unserer Kommunikation besonders ab von Emotionen! Denn die sind es, die uns selbst ausmachen – und andere überzeugen. Nicht unser Wissen allein, und auch nicht Zahlen, Daten und Fakten.

Gefühl schlägt Verstand: Das ist der allgemein anerkannte Stand der aktuellen Hirnforschung. Und wenn wir ehrlich sind, wissen wir das. Ja, unsere Emotionen sind es, die sich in jedem unserer Worte hörbar widerspiegeln, in jeder Geste, in jedem Blick und damit in unserem gesamtkörpersprachlichen Ausdruck sichtbar, spürbar manifestieren und dem Gegenüber viel über uns erzählen: über unser Leben, unser Weltbild, unsere Erfahrungen, Einstellung, Haltung und Werte. Auf jeden Fall verraten sie dem anderen stets die Wahrheit über unsere Persönlichkeit, unser aktuelles Befinden und unsere wahren Absichten. Radikal und schonungslos – ob wir es wollen oder nicht.

Doch daran denkt leider kaum jemand, wenn es um die Frage geht, was Sprache ist beziehungsweise was sie bedeutet, ausmacht und bewirkt. Nur die Allerwenigsten wissen überhaupt um das riesige Potential ihrer größten stillen Erfolgsreserve. Die Möglichkeiten und Chancen liegen für immer ungenutzt brach. Und genau das ist heute leider das Grundübel der Kommunikation überhaupt: Wenn überhaupt, dann wird höchstens auf die Worte geachtet, nicht aber auf das Allerwichtigste überhaupt, den Ton, die Ausstrahlung ...die Emotion. Obwohl doch gerade diese zählt.

Viele wirklich erfolgreiche Menschen wissen all dies und kommunizieren völlig anders. Ich weiß nicht, ob sie es gelernt haben, bewusst darauf achten oder es einfach intuitiv und unbewusst tun. Eines ist jedoch offensichtlich: Diese Persönlichkeiten nutzen ihre verbale Sprache und Körpersprache als Erfolgsinstrument. Denn sie schaffen es einfach immer, aufzufallen, beachtet und gehört zu werden, ihren Worten und Taten durch eine riesengroße Portion Emotionalität, Natürlichkeit und Authentizität so unglaublich viel Ausdruck, Wirkung und Überzeugungskraft zu verleihen. Und genau durch diese Begeisterung, Leidenschaft und wilde Entschlossenheit gelingt es ihnen, ihre Mitmenschen mitzureißen und für sich einzunehmen. Echte Persönlichkeiten mit einer starken, emotionalen Sprache und Körpersprache, die Klartext spricht und bei anderen dadurch genau die richtigen Gefühle auslöst.

In diesem Buch dreht sich alles um entscheidende Fragen wie: Kommen Sie mit Ihren privaten und beruflichen Wünschen und Zielen so voran, wie Sie es sich erträumt haben? Erzielen Sie auf andere Menschen die positive und starke Ausstrahlung, Wirkung und Überzeugungskraft, die gut für Sie ist und Sie sich immer gewünscht haben? Und tun Sie wirklich das, was Sie lieben, oder haben Sie sich nur daran gewöhnt, was Sie tun? Kennen Sie überhaupt Ihre Möglichkeiten und Ihr Potential – wissen Sie, was in Ihnen steckt? Auf jeden Fall kennen auch Sie sicher Menschen, denen scheinbar alles gelingt, die jede Hürde mühelos meistern und offenbar alles erreichen, was sie wollen. Die Frage ist: Was machen diese Menschen anders? Worauf basiert deren Lebenserfolg? Oder haben sie einfach Glück?

Eines verrate ich Ihnen gerne sofort: Diese Menschen haben meistens ein einfaches Erfolgsgeheimnis. Sie sind sich ihrer Talente, Fähigkeiten und Stärken voll und ganz bewusst – und nutzen diese zu 100 Prozent. Sie (re-)agieren mit hohem »persönlichem Wirkungsgrad«, haben dadurch eine tolle persönlich-emotionale Performance. Und ziehen immer dann ihr bestes, spielentscheidendes Ass aus dem Ärmel, wenn es darauf ankommt: hochwirksame, emotionale Sprache – die größte stille Erfolgsreserve!

Und genau darum geht es in diesem Buch: die Steigerung Ihres persönlichen Wirkungsgrads und Ihrer emotionale Performance. Durch bewusstes, konsequentes Nutzen emotionaler Sprache. Und das mit viel Spaß!

Denn eines steht fest: Die erfolgreichsten Menschen kommunizieren anders, sie schaffen es, mit und ohne Worte Emotionen zu wecken, gehört zu werden, aufzufallen und andere für sich einzunehmen. Vor allem gelingt ihnen das wohl Entscheidende: Menschen emotional anzusprechen, zu faszinieren, sie mitten ins Herz zu treffen und sie damit tief und dauerhaft im Innersten zu berühren. Das, was zählt und bleibt! Das, was wirkt und Menschen überzeugt. Es gelingt ihnen als starke Persönlichkeit mit Ecken und Kanten, als »Personenmarke«. Durch ihre innerlich glasklar fokussierte Haltung, ihre aus tiefstem Herzen begeisterte Einstellung, ihre riesengroße kindliche Neugier, ihre Wahrnehmung und ihre überdeutlich sicht- und spürbare Empathie und Präsenz in jedem einzelnen Augenblick. Genau deshalb versprühen sie nach außen diese so unglaublich begeisternde, zutiefst authentisch-vertrauensvoll-überzeugende Wirkung, die viele Menschen emotional so sehr in den Bann zieht. Weil es so selten ist!

Wie groß ist Ihre Lust darauf und Ihre Begeisterung dafür? Wollen Sie die einfachen Spielregeln erfolgreicher, emotionaler Sprache entdecken? Dann verrät Ihnen dieses Buch, wie einfach es geht.

Kennen Sie Ihre größte stille Reserve? Ihre persönliche, frei zugängliche und vielleicht noch unentdeckte Goldmine? Ja, Sie haben richtig gelesen. Denn über diese wertvollen, oft völlig unscheinbaren Reserven verfügt eben nicht nur jedes florierende Unternehmen, sondern jeder Mensch. Also auch Sie. Anders gefragt: Haben Sie sich schon einmal vorgestellt, wie es wäre, wenn Sie all das, was Ihnen wirklich wichtig ist, was Sie tagtäglich beruflich und privat zu bewältigen haben, und all die Ziele, die Sie gerne noch erreichen möchten, viel einfacher, souveräner und mit mehr Leichtigkeit angehen und meistern könnten? Ohne sich mit ständig hohem Zeitaufwand und zu Lasten Ihres Privatlebens und Ihrer Familie zu verausgaben, immer wieder an persönliche Leistungsgrenzen zu stoßen, sich zu überfordern und Ihre Gesundheit zu gefährden? Sondern wie im Schongang, damit Sie dauerhaft gesund, leistungsfähig und hoch motiviert bleiben?

Klingt traumhaft schön, oder? Und es geht, das kann ich Ihnen guten Gewissens versprechen. Doch genau dafür brauchen Sie das Potential emotionaler Sprache. Zusätzliche persönliche Ressourcen, die tief in Ihnen schlummern, von Ihnen bislang vielleicht völlig unbemerkt. Und die es Ihnen überhaupt erst ermöglichen, die Herausforderungen und Zielsetzungen Ihres Lebens erfolgreich zu meistern. Weil sie Ihnen den oft so entscheidenden, klitzekleinen Vorsprung bringen, dieses kleine bisschen Mehr an wertvoller persönlicher Performance.

Diese wertvollen Reserven haben auch Sie! Und genau darauf kommt es an: nicht ständig ge- oder sogar überfordert und am persönlichen Limit zu sein, sondern alles mit Zuversicht, aus tiefer innerer Ruhe, Gelassenheit und Überzeugung tun zu können. Wirkungsvolle emotionale Sprache gibt Ihrer Persönlichkeit, Ihrer Ausstrahlung, Wirkung und Überzeugungskraft den entscheidenden letzten Feinschliff. Ohne sie sind wir wie »Erlkönige«, einfach blass, ohne Profil. Kennen Sie diese meist gut getarnten, neuen Pkw-Modelle, die oft lange vor dem offiziellen Liefertermin auf unseren Straßen zu sehen sind? Man ahnt zwar, welche Marke es sein könnte, doch es ist nicht eindeutig, wichtige Kanten und Konturen sind gut verdeckt. Genau so ist es mit uns, erst unsere individuellen Fähigkeiten und Ressourcen, unsere besonderen Ecken und Kanten formen unser Profil, machen uns im Idealfall für andere Menschen zu einer faszinierend authentischen, überzeugenden Persönlichkeit. Und dafür sorgt emotionale Sprache. Als Ihr verbaler Fingerabdruck.

Ausschließlich darüber möchte ich mit Ihnen hier reden. Denn dieses Buch soll kein weiterer, allgemeiner

Erfolgsratgeber sein, davon gibt es mehr als genug. Es soll Ihnen auch keinen Rat geben, denn das steht mir nicht zu, ich kenne Sie ja nicht. Vielmehr soll *Sag es einfach emotional* für Sie eine Quelle der Inspiration sein, es darf Sie gerne nachdenklich machen, Sie wachrütteln und hellwach machen, Sie begeistern, motivieren und in Ihnen die Leidenschaft und Neugier auf eine völlig neue Art der Kommunikation wecken.

Eines verspreche ich Ihnen: Sie werden emotionale Sprache lieben! Weil sie Ihr Leben bereichern, Ihnen das Tor zu neuen Möglichkeiten, tollen Chancen und Perspektiven eröffnen wird.

Kann wirklich jeder emotionale Sprache erlernen? Warum verrät sie so viel über unsere Persönlichkeit? Und wieso ist sie für uns und das erfolgreiche Zusammenspiel mit anderen Menschen so unglaublich wichtig? Um diese und weitere grundlegende Fragen geht es in den *fünf zentralen Thesen,* mit denen ich Sie jetzt vertraut machen möchte – damit Sie diese entscheidenden Grundannahmen gleich zu Beginn kennen lernen, verinnerlichen und dadurch mit der richtigen inneren Einstellung dabei sind, wenn wir uns später ganz ausführlich mit den vielen Facetten dieser faszinierenden Sprache beschäftigen.

These I: Unsere größte stille Potential- und Erfolgsreserve

Der entscheidende, grundlegende Ansatz dieses Buches ist, dass wir die ungeheure Bedeutung emotionaler Sprache erkennen und sie als das würdigen, wertschätzen und erfolgreich nutzen, was sie ist:

- der Schlüssel zu unserer persönlichen Lebensqualität
- die Quelle unserer individuellen, emotionalen Performance.

Nichts zeigt unseren Mitmenschen unsere aktuelle innere Einstellung, Verfassung und Motivation so klar und deutlich wie die Performance unserer Sprache und Körpersprache. Ein sicherer Mensch kommuniziert und präsentiert sich emotional anders als ein unsicherer, ein motivierter anders als ein lustloser.

Von dem Maß an Glaubwürdigkeit, Klarheit, Überzeugungskraft und emotionaler Wirkung, mit dem wir unsere Gedanken, unsere Wünsche, Ziele und Vorhaben anderen Menschen kommunizieren, hängt direkt der Erfolg unseres Handelns und unserer Lebensqualität ab. Und doch ist die Bedeutung der Emotionalität von Sprache gerade heutzutage für die meisten Menschen ein scheinbar völlig unbekanntes Terrain, ein ungenutzt brachliegendes Potential, obwohl sie uns schnell und einfach zu deutlich mehr Aufmerksamkeit, Wirkung, beruflichen wie privaten Erfolgserlebnissen und damit Lebensglück verhelfen kann.

FAZIT: Die Emotionalität unserer Sprache ist Chance oder Schicksal!

These II: Der individuelle Fingerabdruck

Menschen lieben und vertrauen Marken. Geht es Ihnen auch so? Warum ertappen wir uns immer wieder aufs Neue dabei, dass wir beim Einkaufen gerne nach bestimmten, bekannten Markenprodukten greifen, obwohl es doch viel billigere, scheinbar gleichwertige Alternativen gibt? Ganz einfach: weil unser Gehirn gerne in einfachen, energieschonenden Zuständen arbeitet und – evolutionär misstrauisch, wie es nun einmal ist – am allerliebsten auf Bekanntes, Vertrautes und bereits einmal auf ein hohes

Maß an Sicherheit Geprüftes zurückgreift. Es ist wie bei unseren vielen, liebgewonnenen Gewohnheiten, die wir aus genau diesen Gründen gebildet haben und denen wir immer wieder nachgehen. Oft völlig unbewusst, unreflektiert und selbst dann noch, wenn eine dieser Gewohnheiten längst nicht mehr gut für uns ist.

Genauso verhält es sich mit Marken: weil uns diese meistens schon seit langer Zeit, oft bereits seit der Kindheit oder Jugend, vertraut sind. Uns ein Gefühl von Sicherheit, ein Qualitätsversprechen bieten und uns gerade im heutigen Dschungel der zunehmenden Produktvielfalt so manche Kaufentscheidungen abnehmen beziehungsweise erleichtern. Marken zu kaufen gibt uns einfach Sicherheit und (dadurch) ein gutes Gefühl.

Bei unseren zwischenmenschlichen »Käufen« ist es genauso: Wir fühlen uns erst sicher und vertrauen dem Gegenüber, wenn wir es (er-)kennen. Wenn wir wissen, ob wir es mit Freund oder Feind zu tun haben. Denn nur diese beiden Zustände kennt unser Gehirn, das sich seit Jahrtausenden kaum verändert hat, noch immer von Instinkten und schnellen Reflexen geprägt ist.

Und so schätzen wir besonders die Menschen, die sich durch ihre individuellen Ecken und Kanten, ihre Klarheit, Eindeutigkeit und Emotionalität in der Kommunikation für uns leichter erkennbar, durchschaubar und begreifbar machen. Sie werden für uns durch ihre Authentizität, Offenheit und Individualität zu einer Persönlichkeit und Marke, der wir schneller vertrauen als denjenigen, die sich uns vorsichtig, zurückhaltend und emotional ausgebremst präsentieren. Und an nichts anderem erkennt man Menschen, diese Personenmarken, so eindeutig wie an der Art und Weise, in der sie kommunizieren. Emotionale Sprache ist unser einzigartiger Fingerabdruck.

FAZIT: Sprache und Emotionen haben wir nicht, das »sind« wir! Denn beides offenbart unsere individuelle Persönlichkeit, ist unser einzigartiger Fingerabdruck mit eindeutigem Wiedererkennungswert.

These III: Gefühl schlägt Verstand

Diese Erkenntnis ist von so entscheidender Bedeutung, dass sie eine der wichtigsten Thesen überhaupt darstellt:

▷ Gefühl schlägt Verstand!

Und das wissen wir auch. Dafür brauchen wir im Grunde keine neuen wissenschaftlichen Erkenntnisse. Denken Sie jetzt nur einmal spontan an einen Moment oder ein Erlebnis, in dem Sie von etwas so richtig begeistert waren, es einfach nur noch tun oder haben wollten. Hatte Ihr Verstand da wirklich eine faire Chance? Ich glaube nicht, oder? Und wie war es umgekehrt, als Sie so richtig ärgerlich beziehungsweise wütend auf jemanden oder sehr enttäuscht von jemandem waren. Waren Sie da wirklich bereit, sich seine sachlichen Argumente/Gründe anzuhören?

FAZIT: Unser Gehirn ist voller emotionaler Instinkte und Reflexe. Die Gefühle sind es, die im Zweifel unser Denken und Handeln steuern. Unschätzbar hoch ist der persönliche, berufliche und volkswirtschaftliche Schaden durch negatives Emotionsmanagement: Verfehlte Prüfungen, unnötige Streitereien, unzählige Missverständnisse, firmen- und abteilungsinterne Reibungsverluste, selbst viele (Verkehrs-)Unfälle gehen auf das Konto von Negativemotionen.

These IV: Erfolgreiche Kommunikation braucht Emotion.

Kommunikation ohne Emotionen ist wie Kochen ohne Gewürze! Es schmeckt dann einfach nicht, ist öde, fade und zeigt keine Wirkung. Daher kann es nicht oft genug gesagt werden: Kommunikation ist mehr als nur die Aneinanderreihung von Buchstaben und Worten. Die wahren Big Points beim Miteinander-Kommunizieren sind nicht die dabei vermittelten Inhalte, sondern die emotionalen Botschaften – die offensichtlichen und auch die zwischen den Zeilen.

Für die Wirkung und den Erfolg zählt daher viel weniger, »was« wir sagen, als »wie« wir es durch unsere (Körper-)Sprache ausdrücken und ausstrahlen. Es geht um die Emotion: Und die entscheidet! Denn nicht unsere Worte selbst, sondern besonders die damit einhergehenden Gefühle, die wir bei anderen auslösen, sind es, die Menschen tief berühren, bewegen und zum Handeln bringen. Und somit ist emotionale Sprache der energiegeladene Treibstoff unseres Lebens und die Wunderwaffe, um Menschen zu gewinnen, zu überzeugen und unsere Träume und Ziele realisieren zu können.

▷ Nur Emotionen machen Sprache wirkungsvoll und bedeutsam.

FAZIT: Emotionale Sprache ist das wirkungsvollste Gesamtpaket aus inhaltlichen und emotionalen Botschaften, der wahre Schlüssel zum Herzen anderer Menschen und die beste Basis für ein einfühlsames, erfolgreiches, positives Miteinander auf Augenhöhe.

These V: Emotionale Sprache kann jeder.

So lautet meine letzte, für viele vielleicht sogar entscheidende These. Emotionale Sprache ist unsere authentischste und ursprünglichste Form der Sprache. Kinder beherrschen sie ganz intuitiv, sie zeigen, nicht immer zur Freude der Erwachsenen, ihre Gefühle in ungefilterter, spontaner Art und Weise. Ohne Rücksicht auf Verluste, Vor- oder Nachteile. Bis zu dem Tag, an dem wir als junge Kinder im Elternhaus, der Kita oder spätestens in der Schule plötzlich die positiven wie negativen Konsequenzen unseres Handelns bewusst registrieren oder sogar mit voller Wucht erleben und erdulden müssen. Ab diesem Zeitpunkt werden wir zunehmend darauf konditioniert, unsere wahren, spontanen Gefühle zu Gunsten von Belohnungen, Erleichterungen oder zu vermeidenden Strafen zurückzunehmen und zu verbergen. Ab diesem Moment sind wir nicht mehr einzigartig und authentisch, wir werden durchschnittlich, im schlimmsten Fall sogar unglaubwürdig und folglich wirkungslos.

Muss das so sein? Müssen wir so bleiben, wie wir mittlerweile sind? Nein! Denn fast jeder von uns hat das Potential und ist in der Lage, seine Gefühlswelt wieder neu zu entdecken, mehr Gefühle zuzulassen und seine emotionale Sprache neu zum Leben zu erwecken. Wir müssen dafür nur ein kleines Stück zurückgehen zu unseren Wurzeln, um unsere Emotionalität wieder so natürlich zuzulassen und zu leben, wie sie früher einmal war. Was wir dafür brauchen, ist der feste Wille dazu, die Klarheit und das Bewusstsein, dass es so auf Dauer besser für unsere Persönlichkeit ist. Wir brauchen dafür auch eine große Portion Mut, gewohnte Pfade zu verlassen, uns genügend Zeit für diese positive Veränderung zu nehmen und durch die zunehmende Authentizität vielleicht auch das eine oder andere Mal bei anderen anzuecken, weil wir echt sind.

- Emotionale Sprache erfordert Mut, sich zu positionieren.

FAZIT: Emotionale Sprache lohnt sich! Durch Gefühle, die andere berühren, verzaubern und nachhaltig beeinflussen. Und uns ermöglichen, eine authentische Persönlichkeit mit Charisma zu werden.

DIE MACHT
DER GEFÜHLE

GEFÜHL SCHLÄGT VERSTAND

Gefühle regieren die Welt, bestimmen unser Denken und Handeln. Die positiven sind es, die uns Freude, Begeisterung, Glück und Liebe schenken, die negativen, die uns Eifersucht, Neid, Missgunst, Wut und Hass bescheren.

Nichts übt auf uns selbst eine so ungeheure, oft faszinierende, manchmal jedoch leider auch verstörende beziehungsweise zerstörende Macht aus wie unsere eigenen Gefühle – und damit auch auf unsere davon betroffenen Mitmenschen, die sich daran erfreuen dürfen oder sich davor fürchten müssen, unmittelbar davon beeinflusst werden. Und oft sind diese Emotionen, gerade die negativen, ab einer bestimmten Intensität fast unkontrollierbar, wie jeder von uns weiß, der bei sich oder anderen schon einmal einen richtigen Wutausbruch erlebt hat. Denn Gefühl schlägt den Verstand!

Für mich ist es sowohl aus meiner persönlichen als auch aus meiner beruflichen Erfahrung heraus die wichtigste Lebenserkenntnis und die zentrale Botschaft, die uns die Hirnforschung mit auf den Weg gegeben hat: für unser Handeln, unser Verständnis, unseren Umgang miteinander.

Wie geht es Ihnen damit? Gehören oder gehörten Sie, wie ich selbst lange Zeit auch, zu den Menschen, für die vor allem die Sache zählt? Die nur Zahlen, Daten und Fakten vertrauen und sich daran festhalten, manchmal sogar ihre Person und Persönlichkeit dahinter verstecken? Die fest daran glauben, dass allein unser Wissen entscheidet, die Fähigkeit, auf alles eine Antwort zu haben oder sogar es besser zu wissen, als andere? Und für die Emotionen nicht mehr sind als eine positive und angenehme, manchmal auch äußerst negative und störende Randerscheinung?

Mir erging es nicht anders. Ich erinnere mich nur allzu gut an meine Anfänge als Ingenieur im Vertrieb und später dann als Rhetorik- und Verkaufstrainer. Auch ich dachte damals, dass ich meinen Kunden nur möglichst viele Produktmerkmale und -vorteile aufzählen beziehungsweise meinen Seminarteilnehmern unglaublich viele Inhalte bieten müsse, um sie glücklich zu machen und für mich zu gewinnen. Und ich verfügte leider noch nicht über die Souveränität, Wahrnehmung und Empathie, um zu erkennen, wie sehr ich die Menschen damit überforderte und dadurch genau das Gegenteil meiner Absicht bewirkte.

Doch keine Sorge, das ist völlig normal. Denn Gefühle spielen bis heute in unserer schulischen, universitären und beruflichen Ausbildung alles andere als eine Hauptrolle. Nachgefragt und abgeprüft wird in aller Regel eher nur unser Fachwissen. Leider ein wirklich großer Fehler und fataler Irrtum, denn die Fachwelt, viele Studien aus der Hirnforschung und Untersuchungen der Neurowissenschaften über unser (Kauf-)Verhalten besagen längst eindeutig etwas anderes:

Gefühle schlagen beziehungsweise verführen unseren Verstand!

Erst Gefühle geben unseren Worten und Inhalten Bedeutsamkeit, hauchen Zahlen, Daten, Fakten und Botschaften Leben ein!

Was sagt uns das? Ganz einfach, wir sind eben doch nicht so frei im Willen, wie wir gerne glauben würden. Es gibt mittlerweile unzählige Studien und Untersuchungen über unser Verhalten, die eindeutig besagen: keine Emotionen, keine Entscheidung! Jeder Gedanke, jede unserer vermeintlich freien Entscheidungen hat unser uraltes, instinktgesteuertes und hochemotionales limbisches System durchlaufen und ist damit bereits emotional vorgefiltert. Das Gefühl entscheidet, auch wenn wir noch so gerne an unseren freien Willen glauben, daran, dass wir mit Sachverstand abwägen können, wir wirklich Einfluss darauf haben, was wir haben oder tun wollen. Doch was tatsächlich passiert, ist in der Regel nichts anderes, als dass unser Verstand im Nachhinein oft auf Biegen und Brechen nach guten Gründen für unser emotional gesteuertes Verhalten und Entscheidungen sucht, um dies zu erklären und zu begründen. Ein gut gemeinter Versuch.

Doch wenn Sie in Ruhe darüber nachdenken, wissen Sie dies im Grunde auch. Denken Sie einmal ganz spontan an Ihre erste große Liebe. An einen wunderschönen Moment, der Ihnen wirklich viel bedeutet hat. Oder auch an Ihren größten Fehler oder Ihre größte Fehlentscheidung. Was geht Ihnen spontan durch den Kopf? Sind es wirklich nur Zahlen, Daten und Fakten? Nein, es sind die positiven beziehungsweise negativen Gefühle, die Sie noch heute damit verbinden und die selbst jetzt, in diesem Moment und nach so vielen Jahren, mächtig genug sind, um in Ihnen wieder spontan hochzukommen, Sie innerlich zutiefst zu berühren. Gefühl schlägt eben Verstand! Das war für unsere Vorfahren auch überlebenswichtig, denn sie sollten zum Beispiel bei einer Gefahr den potentiellen Angreifer nicht im Detail anschauen und bewerten, sondern sie mussten rasend schnell entscheiden, welchem ihrer Grundinstinkte oder -reflexe sie folgen wollten: Angriff, Flucht oder Starre. Und da sich unser Gehirn, speziell unser uraltes limbisches System und dessen grundlegende Reaktionen, in den letzten Jahrtausenden prinzipiell nicht verändert haben, spielt uns dieses auch heute gerne noch einen Streich und schaltet bei starken Emotionen wie beispielsweise Erregung oder Ängsten alle kognitiven, also denkenden und bewertenden Bereiche unseres Gehirns ab. Die Emotion siegt! Heute geht es allerdings nicht mehr ums nackte Überleben, sondern um Situationen wie Prüfungen oder eine Rede vor vielen Menschen zu halten. Das Ergebnis ist dasselbe: Prüfungsangst und Lampenfieber setzen unser Großhirn, den Frontallappen hinter der Stirn, fast komplett außer Kraft. Darum sind wir dann auch nicht mal mehr zu einfachsten Leistungen fähig.

Emotion siegt über den Verstand: Leider hat sich diese Erkenntnis längst nicht überall herumgesprochen. Denn es wird nach wie vor kaum danach gehandelt. Der persönliche, berufliche und vor allem der daraus folgende volkswirtschaftliche Schaden ist unermesslich: verfehlte Prüfungen, unnötige Streitereien, unzählige Missverständnisse, firmen- und abteilungsinterne Reibungsverluste, selbst viele (Verkehrs-)Unfälle gehen auf das Konto unkontrollierter (Negativ-)Emotionen. Überlegen Sie jetzt selbst, was auch Sie in einer schlechten Stimmung vielleicht angerichtet, welchen unnötigen Streit Sie provoziert und wie sehr Sie liebe Menschen in solchen Momenten durch unfaire, harte Worte verletzt haben.

Umgekehrt wissen wir, dass wir Bäume ausreißen, wahre Meisterleistungen vollbringen können, wir wohlwollend, kompromissbereit, äußerst tolerant und als Kunde zum Kaufen verführbar sind, wenn wir in positiver Stimmung oder gar begeistert sind. Sagt das nicht alles?

FAZIT: Ihre Gefühle sind es letztendlich, die Ihren Realitätstunnel formen, also Ihre ganz individuelle Wahrnehmung des Lebens, des Erlebten und Ihres Miteinanders mit anderen Menschen. Sie entscheiden die Möglichkeiten und Grenzen Ihres Denkens und Verhaltens – und damit Ihre sprachlichen Fertigkeiten und Emotionen.

Denn in einer positiven Stimmung sehen Sie die Welt, die Menschen und die von Ihnen zu bewältigenden Aufgaben positiver, angenehmer und lösbarer als in einer negativen. Sie sind dann automatisch offener und spontaner, flexibler und mutiger als in einer negativen mentalen Verfassung. Denn dort dominieren eher Angst, Abwehr, Skepsis und Vorsicht Ihr Denken und Verhalten. Und nicht nur das, sondern man sieht und hört es Ihnen auch deutlich an, denn Ihre verbale und nonverbale Sprache ist in diesen beiden emotionalen Zuständen völlig unterschiedlich. Emotional sind Sie und Ihre Sprache in jedem Fall, die Frage ist nur, in welche Richtung es nach außen ausschlägt. Positiv oder negativ?

Gute Gefühle sind unser Motor für Antrieb, Mut und Optimismus. Und wenn Ihre Gefühle doch so ausschlaggebend für die Intensität, die Qualität, die Ausstrahlung und Wirkung Ihrer Sprache sind, dann ist es höchste Zeit, dass Sie die großen Positiv- und Negativemotionen kennen lernen, die sieben emotionalen Todsünden und Meisterwerke.

DIE SIEBEN EMOTIONALEN TODSÜNDEN

Jetzt geht es um alles! Denn die großen Negativemotionen, über die wir hier reden, können Sie derart blockieren, Ihr persönliches Auftreten, Ihre ganze Ausstrahlung und Wirkung auf andere und damit den Erfolg Ihrer emotionalen Sprache komplett zunichtemachen und im schlimmsten Fall Ihr ganzes Leben ruinieren. Sie verleiten Sie zu völlig unkontrolliertem, negativem und verletzendem Verhalten, das von anderen meistens nicht toleriert oder verziehen wird. Damit ist sozusagen garantiert, dass die von Ihnen angestrebten Wünsche, Pläne und Ziele für sehr lange Zeit in weite Ferne rücken. Und oft hat sogar eine dieser Negativemotionen eine andere zur Folge.

Es geht um mentale Hindernisse, unbewusste emotionale Blockaden, die schnell und unbemerkt zu einem Stolperstein in Ihrem Leben und auf Ihrem persönlichen Weg zu mehr Begeisterung, Leichtigkeit, Lebensqualität und -erfolg werden können. Völlig unnütze, oft uralte negative Haltungen, falsche, unbewusste, Sie einschränkende innere Einstellungen, also starke Negativemotionen, die oft tief in uns stecken, schlagen unverhofft und meistens ohne Vorwarnung zu.

Das Ergebnis ist furchtbar – nicht nur für Sie, sondern auch für andere. Denn in den Momenten, in denen die negativen Emotionen auftreten, werden wir von der einen auf die andere Sekunde völlig unsouverän: Wir verhalten uns abweisend, intolerant, respektlos und angriffs- oder streitlustig. Wir suchen bei anderen nur noch nach Fehlern, Schwächen und einer offensichtlichen Angriffsfläche, behandeln sie nicht mehr wie sonst als Freund, sondern fast schon wie einen gefährlichen Feind. Dadurch verängstigen, brüskieren und verletzen wir nicht nur uns selbst, sondern vor allem andere Menschen. Und zwar nachhaltig. Denn wir verspielen in diesen schädlichen Negativmomenten in nur wenigen Sekunden viel persönliches Wohlwollen, in uns gesetztes Vertrauen, oft sogar den über Jahre erworbenen emotionalen Kredit. Dadurch bringen wir uns in Windeseile ins persönliche Abseits, um den wohlverdienten Lohn unseres ansonsten erfolgreichen Wirkens und Strebens und manchmal sogar um viele wertvolle Freundschaften.

Damit sind nicht alle negativen Gefühle, die uns bewegen, gemeint, sondern ausdrücklich nur die wirklich unnützen, vermeidbaren und für Sie selbst schädlichen Negativemotionen. Nicht von verständlicher Trauer um einen verlorenen, lieben Menschen oder von berechtigten Sorgen, Ängsten und Zweifeln, die Sie vor großen Gefahren bewahren sollen, ist hier die Rede.

Lassen Sie uns die für uns wichtigsten Negativemotionen anschauen, auf die Sie in Zukunft mehr denn je achten sollten und vor denen Sie sich mit sehr einfachen mentalen Übungen wirkungsvoll schützen können:

▷ Minderwertigkeits- und Schuldgefühle
▷ Negative Erwartungshaltung
▷ Neid/Missgunst
▷ Eifersucht
▷ Ärger und Wut
▷ Hass
▷ Zögerlichkeit.

Wissen Sie spontan, welches Ihre größten persönlichen Stolpersteine sind? Welche der emotionalen Todsünden Sie in manchen Momenten aus der Fassung bringen, Sie aufbrausen lassen und zu unkontrollierten Affekthandlungen verleiten und Ihnen Ihre Gespräche und so manch eine zwischenmenschliche Begegnung vermiesen?

Beschäftigen Sie sich auf den folgenden Seiten bitte in Ruhe damit. Überlegen Sie sich, wann, wie oft und bei welchen Anlässen beziehungsweise in der Gegenwart welcher Menschen Sie immer wieder Ihre gute Laune, Ihre Souveränität und Gelassenheit aus den Augen verlieren. Denn dies passiert nicht ohne Grund. Und den sollten Sie kennen, statt immer wieder aufs Neue darauf hereinzufallen. Ohne Klarheit über und das Bewusstsein für Ihre Negativemotionen, wann und wie diese bei Ihnen zuschlagen, bringen Sie auch die besten Zutaten für Ihre emotionale Sprache langfristig nicht weiter.

Solange die Gefahr besteht, dass Sie Negativemotionen zulassen, deren fatale Folgen in Sekundenbruchteilen alles verspielen, nützt es Ihnen nichts, wenn Sie Ihre persönliche Performance durch Feintuning weiter optimieren und Sie durch Ihre gesteigerte Ausstrahlung, Wirkung und Überzeugungskraft in der Gegenwart anderer Menschen brillieren.

Was also empfehle ich Ihnen jetzt konkret zu tun? Ganz einfach, entlarven Sie endlich ein für alle Mal Ihre unnötigen, persönlichen Erfolgsverhinderer. Machen Sie sich auf die Suche, entdecken Sie die typischen Strukturen, Momente und Abläufe Ihrer Negativemotionen.

Vielleicht finden Sie sogar die Ursache dafür. Ich wünsche viel Erfolg!

Minderwertigkeits- und Schuldgefühle sind oft gut versteckte, tieferliegende und unbewusste Negativemotionen, das heißt, wir sind uns ihrer meistens überhaupt nicht bewusst. Häufig liegt deren Ursprung weit zurück, zum Beispiel in unserer Kindheit und Jugend. Werden diese verdeckten Gefühle nicht klar erkannt, aufgelöst oder behandelt, dann schleppen wir sie unser ganzes Leben mit uns herum. Wir wundern uns später als Erwachsene, dass wir mit ganz bestimmten Menschen, Aufgaben oder Örtlichkeiten immer wieder unverständlich große Probleme haben und genau in diesen Momenten äußerst unangenehme negative Gefühle in uns ausgelöst werden, die uns runterziehen, behindern und beinahe handlungsunfähig machen.

Gibt es solche Schuld- oder Minderwertigkeitsgefühle auch bei Ihnen? Schuldgefühle können berechtigt oder unberechtigt sein, eigen- oder fremdmotiviert. Vielleicht haben Sie wirklich einen Menschen zutiefst enttäuscht oder verletzt. Bereuen Sie dies heute, leiden Sie noch darunter? Dann tun Sie bitte zweierlei: Machen Sie sich die Situation jetzt ein letztes Mal bewusst, und befrieden Sie sich durch den Gedanken, dass Sie damals einen guten Grund dafür gehabt haben müssen. Egal welchen, auch wenn Sie dies heute nicht mehr nachvollziehen können. Denn es gibt keine Handlung ohne Motiv! Und suchen Sie dann irgendeinen Weg oder eine Möglichkeit, diesem Menschen Ihr tiefstes Bedauern auszudrücken und ihn von Herzen um Verzeihung zu bitten.

Es kann aber auch sein, dass es anderen Menschen in Ihrer Umgebung gelungen ist, Ihnen solche Schuldgefühle erfolgreich einzureden, indem sie immer wieder Versäumnisse, zu wenig Aufmerksamkeit, zu geringe Fürsorge Ihrerseits beklagt haben. Als eine der schlimmsten Zuweisungen von Schuldgefühlen empfand ich die Worte einer Mutter gegenüber ihrer erwachsenen Tochter: »Wenn ich mit dir damals nicht so früh schwanger geworden wäre, was hätte aus mir werden können!« Wahnsinn, oder? Genau so werden Schuldgefühle geboren.

Minderwertigkeitsgefühle hingegen haben oft mit Selbstzweifeln und dem Mangel an Selbstachtung beziehungsweise Selbstwertgefühl zu tun. Auch dies kann eigen- oder fremdmotiviert sein. Manche scheitern zum Beispiel einfach an den eigenen oder an den von der Gesellschaft und anderen vorgegebenen zu hohen Ansprüchen und Erwartungshaltungen. Die wirken dann keineswegs motivierend, sondern sorgen eher für die Angst vor dem Scheitern, die Befürchtung, es nicht so gut zu können oder zu schaffen wie die anderen. Damit verstärkt sich das Gefühl der Minderwertigkeit. Doch sehr oft sind diese Negativgefühle ursächlich von anderen geprägt worden. Von wichtigen Bezugspersonen wie den Eltern. Nichts existentiell Bedeutenderes können Eltern ihren Kindern mit auf den Lebensweg geben als das Urvertrauen in und den Glauben an sich selbst. Und doch werden leider auch heutzutage viele Kinder und Jugendliche in ihren Wünschen und Träumen, ihren Fähigkeiten und Möglichkeiten eher kleingeredet, zur Vernunft, zum Maßhalten und zur Bescheidenheit ermahnt, statt in ihrem Glauben bestärkt und motiviert zu werden. So entstehen weder echtes Urvertrauen noch Selbstwertgefühl oder Selbstachtung. Im Gegenteil, wir reduzieren dann unsere Träume und Ziele, verlieren ein wenig die Hoffnung, den Glauben an uns und unsere Fähigkeiten. Denn wir vertrauen den wichtigsten Bezugspersonen wie Eltern blind, weil wir sie doch so lieben.

Haben Sie Minderwertigkeitsgefühle? Dann fragen Sie sich: Was sind, haben oder können andere mehr als Sie? Und danach schreiben Sie bitte sofort all Ihre persönlichen Stärken und Fähigkeiten auf.

Eine *negative Erwartungshaltung* macht uns schnell unglücklich. So wie jede Erwartungshaltung. Überlegen Sie doch, was schon das Wort »er-warten« aussagt: Wir warten auf ein ganz bestimmtes, von anderen Menschen zu erfüllendes Verhalten, setzen von uns selbst ausgedachte Bedingungen voraus. Die negative Erwartungshaltung ist noch eine Stufe schlimmer. Denn wir erwarten und gehen fest davon aus, dass ohnehin alles schiefgehen wird.

Im Klartext bedeutet diese innere Haltung, dass wir anderen Menschen und unserer gesamten Umgebung überhaupt keine faire Chance geben. Unser Realitätstunnel und damit unsere gesamte Wahrnehmung sind von vornherein auf das Negative fokussiert. Und so wird es dann auch kommen. Das ist eine *self fulfilling prophecy* – die selbsterfüllende Prophezeiung. Sie drückt deutlich aus: So, wie ich es »erwarte«, wird es auch kommen. Ein Pessimist hat darum genauso Recht wie der Optimist. Beide erleben eine unterschiedliche, eben ihre eigene Realität. Nicht, weil es wirklich so sein müsste, sondern weil sie es durch ihre positive oder ihre negative Erwartungshaltung gar nicht anders zulassen.

Wissen Sie, was ich damit meine? Vergleichen Sie nur einmal einen Ihrer glücklichsten Tage mit einem Ihrer – hoffentlich seltenen – »Blue Mondays«. Was ist der größte Unterschied? Richtig, es ist Ihre Stimmung und Ihre innere Einstellung, mit der Sie in den Tag gehen. Und genau so fällt dann auch der Erfolg, das Fazit Ihres Tages aus.

Also, hören Sie bitte auf, irgendetwas von irgendwem zu »er-warten«! Seien Sie lieber aktiv, voller Tatendrang, mit Elan bei Ihren Aufgaben und mit viel Aufmerksamkeit und Empathie in Ihren Gesprächen. Und wenn Sie doch einmal Erwartungen haben, dann bitte nur die besten!

Neid und Missgunst sind die wohl häufigsten zwischenmenschlichen Negativemotionen. Denn seien wir ganz ehrlich: Wer hat sich nicht schon einmal dabei ertappt, auf etwas neidisch zu sein, das andere bereits erreicht haben oder besitzen und einem ebenfalls sehr wichtig ist? Oder dabei, einem Menschen einfach etwas zu missgönnen, nur weil man ihn einfach nicht ausstehen kann? Und dies, obwohl einem das, worum es geht, vollkommen unwichtig ist.

Genau das ist der riesengroße Unterschied zwischen Neid und Missgunst. Neid ist die höchste Form der Anerkennung, denn Neid richtet sich nicht gegen die beneidete Person selbst, sondern immer auf das Objekt der Begierde – und kann daher sogar konstruktiv sein, da uns dies motivieren kann, es dem anderen so schnell wie möglich gleichzutun.

Missgunst hingegen richtet sich stets gegen die Person selbst, die bei uns im negativen Fokus steht. Wir gönnen diesem Menschen keinerlei Freude, Spaß oder Genuss, eben keinen Erfolg und nichts Gutes. Unsere Gedanken drehen sich ausschließlich darum, möglichst das Scheitern, den Misserfolg zu erleben und zu genießen.

Eines verbindet Neid und Missgunst: Beide sind negative Gefühle und respektlose, intolerante Haltungen, die viel über unsere Werte und unsere Einstellung, unser Selbstwertgefühl und darüber verraten, ob wir eine Persönlichkeit mit Herzensbildung sind. Denn in letzterem Fall missgönnen wir nicht, sondern bewundern und sind Gönner von Herzen.

Eifersucht kennt wohl jeder von uns. Wer hat es nicht schon selbst er- oder durchlebt, dieses zutiefst verunsichernde, einen bis in die letzte Faser beherrschende, manchmal fast selbstzerstörerisch wirkende Negativgefühl, das unfassbar viel Energie verschlingt, unsere Gedanken nur noch um eines kreisen lässt und uns in kürzester Zeit an den Rand der körperlich-mentalen Erschöpfung bringt? Wohl kaum etwas fürchten wir mehr.

Eifersucht ist eine Verlustangst. Zum Beispiel die in vielen Fällen vollkommen unbegründete, aus tiefer Unsicherheit resultierende Panik und Angst, die Gunst, Zuneigung oder auch Liebe eines wichtigen und vertrauten Menschen, oft eines geliebten (Ehe-)Partners, zu verlieren. Jeder von uns weiß aus persönlicher Erfahrung, dass dieses Gefühl meistens in negativen, glück- und erfolglosen Lebensphasen auftritt. Dass es nur äußerst selten auf Fakten beruht, sondern meistens unbegründet ist und ausschließlich unserer eigenen aktuellen Unsicherheit und unseren Selbstzweifeln entspringt. Oder waren Sie wirklich schon mal in dem Moment eifersüchtig, in dem Sie mental gut drauf, mutig und voller Tatendrang waren? Wohl kaum, denn so wäre Eifersucht fast unmöglich. Um zu Stande zu kommen, braucht sie nämlich eine stark verunsicherte und von Zweifeln geprägte mentale Verfassung. Den Selbstzweifel, man könne nicht mehr attraktiv, erfolgreich oder gut genug für den anderen sein. Den Glauben, andere könnten dies wahrscheinlich deutlich besser.

Mir selbst erging es vor vielen Jahren so, als ich meine Frau kennen lernte. Sie war eine leidenschaftliche Tänzerin, ich eher nicht. Jedes Mal, wenn Sie freitagabends zum Tanzen ging, befiel mich ein erdrückendes Gefühl der Eifersucht: darauf, dass fremde Männer mit ihr tanzen, sie berühren und ihr näherkommen würden. Das ging eine ganze Weile so, bis ich es leid war und zweierlei beschloss: Ich wollte an der Ursache dieses Gefühls arbeiten und ganz offen mit meiner Frau darüber reden. Beides hat uns viel gebracht. Im ersten Schritt machte ich mir klar, dass ich eben kein Tänzer bin. Das konnte ich entweder ändern, oder ich musste es akzeptieren. Danach fragte ich mich, was ich meiner Frau Gutes zu bieten hatte. Ich erkannte schnell, dass es eine ganze Menge war. Dann achtete ich bewusst darauf, in welcher positiven, gelösten Stimmung sie nach dem Tanzen nach Hause kam. Es hatte ihr offensichtlich große Freude bereitet. Und welchen größeren Liebesbeweis gab es wohl, als dies dem Partner zu gönnen? Schließlich profitierte ich ja auch von ihrer Freude und Zufriedenheit. Wir sprachen darüber, und dies bestärkte mich abermals in meiner neuen Haltung.

Tendieren auch Sie manchmal dazu, unbegründet eifersüchtig zu sein? Dann werden Sie aktiv, stellen Sie das ab, indem Sie ab sofort etwas dafür tun, um dieses törichte Verhalten künftig zu vermeiden. Fragen auch Sie sich, ob Sie genug für die Beziehung tun und die Aufmerksamkeit, Zuneigung und Liebe des anderen verdient haben. Falls ja, dann können Sie beruhigt sein. Und falls nicht, dann tun Sie in Zukunft einfach mehr dafür. Lassen Sie sich etwas einfallen. Sonst tappen Sie immer wieder in die Eifersuchtsfalle, Sie berauben sich selbst der Energie, Konzentration und guten Stimmung, die Sie für Ihr Leben und Ihren Erfolg dringend benötigen. Und das wäre doch schade.

Ärger und Wut sind zwei sehr ähnliche emotionale Zustände, jedoch haben sie unterschiedliche Erregungsniveaus, Ausdrucksformen und Intensitäten. Während es sich beim Ärger um eine sehr spontane, innere und emotional negative Reaktion auf ein Ärgernis handelt, zum Beispiel ein unangenehmes Erlebnis, eine Kränkung oder Bloßstellung durch andere Menschen, lässt sich echte Wut durch die damit meistens einhergehende plötzliche Aggressivität nach außen kaum verbergen.

Ärger oder die Verärgerung durch andere können Sie in der Regel noch ganz gut managen, Ihre innere Negativemotion in Grenzen halten und sich nach kurzer Zeit wieder davon befreien. Dennoch sollte Ihnen klar sein, dass der Gesprächspartner unsere Verärgerung wahrnimmt, zumindest unbewusst, denn die Sprechweise, der Tonfall und die Mimik sprechen eine deutliche Sprache.

Völlig anders verhält es sich bei einem Wutanfall. Dort geraten wir außer Rand und Band, erleiden kurzfristig einen emotionalen Black-out und verlieren die Kontrolle über unser Verhalten. Dies ist für andere deutlich sichtbar, hörbar und oft leider auch körperlich spürbar, spätestens wenn sie der Adressat der Wut sind. Unabsehbar für den Wüterich sind die Folgen seines negativen Gefühlsausbruchs, zu hart waren die verbalen Kränkungen oder sogar die körperlichen Übergriffe.

Sie sind aber dem Ganzen nicht willenlos ausgeliefert, wenn Sie Ihre persönlichen Ärger- und Wutmuster aufdecken und lernen, rechtzeitig darauf zu reagieren. Oder Sie halten es mit der Weisheit, die mir eine große Persönlichkeit mit auf den Weg gegeben hat: »Ich entscheide lieber selbst, ob und wann ich mich ärgere und einen Herzinfarkt erleide, als es mir von anderen vorgeben zu lassen!«

Glauben Sie mir, das gelingt einem nicht immer, jedoch ziemlich oft!

Hass ist die schlimmste und destruktivste Negativemotion und die stärkste Form der Ablehnung, Abwendung und Verachtung. Wenn wir einen Menschen, eine Tätigkeit oder einen Ort so richtig hassen, dann wird oft unglaublich viel Energie frei, sobald wir damit konfrontiert werden, oft sogar bereits wenn wir nur daran denken – negative Emotionen, die weder für uns selbst noch für andere gut sind.

Wie entsteht der Hass? Oft dann, wenn wir tiefe und/oder andauernde Verletzungen nicht abwehren können, wenn wir uns hilflos, ohnmächtig und schutzlos fühlen.

Daher kann Hass uns sogar so weit treiben, dass wir den Gegenstand oder ursprünglichen Grund des Hasses am liebsten auslöschen und vernichten würden. Doch meistens sind wir dazu nicht in der Lage.

Der größte Gegenspieler des Hasses ist die Liebe. Jeder von uns kennt den typischsten Grund für den Hass – nämlich zutiefst verletzt, enttäuscht oder verlassen zu werden. Und zwar von dem Menschen, dem wir zuvor blind vertraut und den wir unendlich geliebt haben! Hand aufs Herz, wer hat noch nicht erlebt, dass er von einem engen Freund zutiefst ent- oder sogar getäuscht wurde? Oder von einem geliebten Partner verletzt, betrogen, vielleicht sogar von einem Augenblick auf den anderen verlassen wurde? Gefühle der Ohnmacht, Wut und Verachtung sind es, die sich dann schnell, intensiv und anhaltend in uns ausbreiten, uns in ein wirres Gefühlschaos von Traurigkeit, Hilflosigkeit und Hass versetzen und uns den Boden unter den Füßen wegziehen. Ich habe es selbst erlebt. Sie auch? Haben Sie in diesem furchtbaren Moment vielleicht auch gedacht, das Leben wäre jetzt vorbei? Zum Glück war es das nicht, wie wir heute wissen. Es tat richtig weh, doch wir sind daran gereift.

Zögerlichkeit ist leider weit verbreitet und führt zu völlig unnötigen Negativgefühlen. Oft entspringt sie einer persönlichen Unsicherheit, ungenügender Selbstmotivation und dem Mangel an Mut, die notwendigen Dinge zeitnah anzupacken. Manchmal ist auch einfach nur die Angst vor Neuem die Ursache, die trügerische Sicherheit, Trägheit oder das Wohlbefinden, das uns die eigene, vertraute und liebgewonnene Komfortzone gerne vorgaukelt. Doch fest steht: Zögerlichkeit ist einfach nicht gut!

Damit meine ich nicht das bewusste, wohlbedachte Überlegen und Abwägen vor großen Entscheidungen, das minuziöse Vorbereiten zur optimalen, Zeit sparenden Erledigung von Aufgaben oder das genaue Abschätzen des idealen Moments für das konkrete Angehen einer neuen, persönlichen Zielsetzung. Zögerlichkeit, von der hier die Rede ist, hat keinen dieser guten Gründe. Sie ist nicht auf unser Wohl und unseren Erfolg ausgerichtet, sondern gerade dagegen. Weil sie uns vieler Chancen und Möglichkeiten beraubt, wir nicht zur Stelle sind, wenn es darauf ankommt, wichtige Entscheidungen umzusetzen, wenn dies gut für uns wäre, sondern nur, wenn es nicht mehr anders geht. Und dann ist es eben oft zu spät.

Kennen Sie das aus eigener Erfahrung? Verfallen auch Sie bei ganz bestimmten Aufgaben gerne Ihrer ganz persönlichen »Aufschieberitis«? Das können Sie jederzeit ändern, indem Sie sich ab sofort konkrete Ziele setzen und klare Prioritäten dafür aufstellen, wie und in welcher Reihenfolge Sie diese angehen. Das sollten Sie unbedingt. Denn wer zu spät kommt, den bestraft das Leben! Und diese Weisheit sollte doch nicht auf Sie zutreffen, oder?

DIE ELF EMOTIONALEN MEISTERWERKE

Jetzt richten wir unsere volle Aufmerksamkeit auf etwas viel Positiveres und unglaublich Schönes: auf die Vielfalt und faszinierende Wirkung unserer Positivemotionen. Sie sind es, die uns und anderen richtig guttun, uns Spaß, Freude und ein harmonisches Miteinander bereiten und das Leben wunderbar, facettenreich und lebenswert machen.

Diese kostbaren Positivemotionen wie Begeisterung und Liebe können in uns wahre Wunder bewirken, denn sie fegen wie eine frische Brise durch unseren Körper und Geist. Sie machen uns hellwach und aufmerksam, beleben unsere Sinne, bringen unsere Gedanken in Schwung und unsere Stimmung in Höchstform. Alles fühlt sich plötzlich ganz anders an, es ist wie ein Neustart, als hätte sich die ganze Welt um uns herum komplett verändert. Doch das hat sie nicht, wir haben uns verändert – durch die positiven Gefühle in uns und durch das, was diese mit uns machen.

Die Wirkung von Positivemotionen ist unglaublich vielfältig und für mich immer wieder faszinierend. Sie sorgen einerseits für eine sehr viel offenere, positivere und gelassenere innere Haltung, verstärken unsere Aufmerksamkeit, Klarheit und Wahrnehmung und sind insofern die ideale Voraussetzung für ein exzellentes Einfühlungsvermögen gegenüber anderen Menschen. Sie reduzieren

Stress und Anspannung und halten uns länger gesund. Sie mobilisieren unglaubliche Energien, wecken unsere Ressourcen und beflügeln uns zu außergewöhnlichen Leistungen, Taten und Glücksgefühlen. Sie sind es, die uns überhaupt erst in die Lage versetzten, mit viel Mut, positiver Neugier, Kreativität und Tatendrang durchs Leben zu gehen, die anstehenden Aufgaben erfolgreich zu meistern und auch andere Menschen erfolgreich auf unserem positiv-emotionalen Weg mitzunehmen.

Fest steht: Positive Emotionen sind viel mehr, als gute Laune zu haben!

Sie bedeuten alles für uns. Denn sie sind unser stärkster, motivierender Antrieb. Erst mit einer ausreichend großen Dosis von ihnen haben wir den vollen Zugriff auf unsere persönlichen Ressourcen, auf das gesamte Potential unseres Könnens und damit den Schlüssel für ein souveränes, emotionales, erfolgreiches gesundes Leben.

Oder, noch kürzer gesagt: Unser Glück, Erfolg und unsere gesamte Lebensqualität stehen und fallen mit der Fähigkeit, positive Emotionen zu entwickeln. Ohne sie ist alles trostlos, leer und höchstens Mittelmaß.

Für mich sind sie daher die mächtigsten Ressourcen, die wir haben.

Die elf emotionalen Meisterwerke

- ▷ Dankbarkeit
- ▷ Optimismus
- ▷ Gelassenheit
- ▷ Interesse
- ▷ Freude
- ▷ Inspiration
- ▷ Erstaunen
- ▷ Begeisterung und Leidenschaft

- Lob und Anerkennung
- Stolz
- Liebe.

1. Dankbarkeit

Dieses zutiefst aufrichtige, ehrliche und positive Gefühl ist für mich die alles entscheidende Grundlage und die beste persönliche Haltung überhaupt – und darum der wahre Schlüssel zu echtem Lebensglück! Leider ist sie in unserer oft hektischen Zeit und dem allseits vorherrschenden Leistungsdruck und Erfolgsstreben etwas in Vergessenheit und ins Abseits geraten. Und doch trägt kaum etwas so sehr zu unserer eigenen Zufriedenheit, unserem persönlichen Wohlbefinden und Glück bei wie die Dankbarkeit. Die ehrliche Aufmerksamkeit, sensible Wahrnehmung und aufrichtige Wertschätzung dessen, wer man ist, was aus einem geworden ist, was man hat und erreicht hat. Gerade auch für die vielen vermeintlichen Selbstverständlichkeiten und Kleinigkeiten, die unscheinbar nebensächlichen Dinge des Lebens, die unsere Achtsamkeit verdient haben. Für mich darf sich der Bogen der Dankbarkeit sehr weit spannen, um dieses wohltuende, motivierende Glücksgefühl in vollem Umfang zu entfalten – von dem Bewusstsein dafür, es jeden Tag gut zu haben, viele Freunde zu haben, etwas erreicht zu haben, einem interessanten Beruf nachzugehen und den richtigen Partner fürs Leben gefunden zu haben.

Echte und aufrichtige Dankbarkeit spielt sich nicht nur in unserem Kopf oder Herzen ab, sondern will auch nach außen gelebt und bekundet werden – nämlich all den Menschen, die ein ausdrückliches persönliches Dankeschön von uns längst verdient haben. Durch eine persönliche

Geste, ein liebes Wort, eine kleine Aufmerksamkeit oder eine innige Umarmung. Wem haben Sie heute noch zu danken?

2. Optimismus

Auch das ist eine unglaublich wertvolle Lebenseinstellung: die aufrichtige Hoffnung, dass alles gut wird und bleibt. Optimismus ist eine wunderbare, das Leben insgesamt bejahende Positivhaltung. Die Kunst, stets das Beste anzunehmen, zum Beispiel das Gute in Menschen zu sehen, von deren Aufrichtigkeit und Ehrlichkeit auszugehen.

Der Optimist geht viel leichter durchs Leben, heißt es. Und darin steckt eine große Portion Wahrheit. Wir sprachen bereits über die Macht der selbsterfüllenden Prophezeiung, die besagt, dass alles so kommt, wie man es zuvor positiv angenommen oder befürchtet hat. Allein aufgrund unserer positiven oder negativen Erwartungshaltung, der unterschiedlichen Realitätstunnel, der offenen oder nur eingeschränkten Wahrnehmungsfähigkeit und unterschiedlichen Chancen des möglichen Verhaltensspektrums.

Denn unser Gehirn war und ist evolutionär ein äußerst wachsames, kritisches Überlebensorgan. Es sucht, findet, beachtet und verstärkt immer genau das, was wir selbst zuvor erwartet haben beziehungsweise wovon wir ausgegangen sind: Positives wie Negatives! Das Negative funktioniert in der Regel von ganz allein, es steckt in jedem von uns, nicht nur im Pessimisten. Denn es diente in früheren Zeiten dem schnellen Erkennen von Gefahr und dem Überleben.

Optimismus hat einen speziellen Fokus, resultiert aus

unserer individuellen Persönlichkeitsstruktur, unseren ankonditionierten oder von anderen vorgelebten Haltungen und der aus vielen guten Erfahrungen gewonnenen, freudig-erwartungsvollen Lebenseinstellung: Im Mittelpunkt steht das Positive, das Negative wird als Ausnahme angesehen. Und was sind Sie: Optimist oder Pessimist?

3. Gelassenheit

Ähnlich wie beim Optimismus handelt es sich bei Gelassenheit um eine persönliche innere Einstellung. Es ist die wertvolle Fähigkeit und die hohe Kunst, das Leben mit viel Ruhe und aus einer bewussten Ausgeglichenheit heraus anzugehen und sich auch in schwierigen Momenten durch nichts und niemanden aus seiner positiven inneren Balance bringen zu lassen. Und dadurch alle Situationen, zwischenmenschlichen Begegnungen und Aufgaben mit größerer innerer Klarheit, Fokussierung, Energie und allen zur Verfügung stehenden persönlichen Ressourcen in Angriff zu nehmen. Sie können sich bestimmt vorstellen, welche Bedeutung diese Haltung für unsere innere Ruhe, Zufriedenheit und unser Wohlbefinden hat. Denn sie ist das Gegenteil von sinnloser, schädlicher Unruhe, Aufgeregtheit, Nervosität und Stress, den allseits bekannten, leider viel zu oft vorherrschenden Lebensumständen unserer heutigen Zeit. Wahre Gelassenheit tut uns auf jeden Fall unglaublich gut und strahlt auch auf die Menschen in unserer Umgebung positiv aus. Denn sie überträgt sich wie jede unserer positiven und negativen Emotionen.

Leider ist Gelassenheit nur den allerwenigsten Menschen mit in die Wiege gelegt worden. Die meisten von uns müssen diese nützliche, gewinnbringende Einstellung und Fähigkeit im Verlauf ihres Lebens erst wieder neu entdecken, wertschätzen und erneut erlernen.

Zum Glück ist dies sehr einfach möglich, wenn Sie ein wenig Ihrer Geduld, Zeit und Konzentration in wohltuende, ausgleichend wirkende und konzentrationsfördernde Entspannungstechniken investieren – wie zum Beispiel Meditation, die ich Ihnen aus persönlicher Erfahrung wärmstens ans Herz lege. Wenige Minuten am Tag reichen für Ihre neue Gelassenheit!

4. Interesse

Gelassenheit bringt uns mehr Aufmerksamkeit, unser Optimismus eine positive Erwartungshaltung an das Leben, und beide führen zu echtem, gesteigertem Interesse. An unserer Umwelt, den Menschen, ihren Stimmungen und all dem, was es tagtäglich an offensichtlich Wichtigem und scheinbar Unwichtigem für uns zu erleben gibt. Interesse zu haben bedeutet, seine Aufmerksamkeit und Wahrnehmung bewusst nach außen zu richten, offen und neugierig zu sein auf die Fülle der Ereignisse, die das Leben bietet, und ständig durch neuen Input dazuzulernen. Nur wer sich wirklich für Menschen und das Leben an sich interessiert, nimmt aktiv daran teil, ist gefragter Mitspieler statt nur Zuschauer, hat als Gestaltender Einfluss darauf.

Für vieles offen zu sein und daran großes Interesse zu haben, ist eine positive, wertvolle Einstellung und Ausdruck einer souveränen, gereiften Persönlichkeit. Denn es drückt aus, dass man sich nicht nur über sich selbst, sondern auch über andere und deren Lebensumstände Gedanken macht. So ist Interesse nicht nur das großartige Mittel, um viel über andere zu erfahren, sondern auch die einfachste Möglichkeit, ihnen eindeutig unsere Anerkennung und Aufmerksamkeit und damit auch unser Einfühlungsvermögen zu bekunden. Und wir wissen um die Bedeutung unseres größten Grundmotivs: um unsere tiefe Sehnsucht nach persönlicher Anerkennung, Aufmerksamkeit und, im Idealfall, sogar nach echter Liebe.

Als Kinder waren wir an allem grenzenlos interessiert, später als Erwachsene leider an immer weniger. Schade, denn es kostet uns nichts und entscheidet maßgeblich über die Qualität und den Erfolg emotionaler Sprache. Ihr echtes, riesengroßes Interesse am Leben!

5. Freude

Wohl kaum etwas öffnet unser Herz und unseren Verstand so sehr, als wenn wir uns aus tiefstem Inneren so richtig über etwas freuen. Glücksbotenstoffe werden in unserem Gehirn dann spontan ausgeschüttet, unsere starken, positiven Gefühle schlagen in diesem Moment hohe Wellen, und unsere Konzentration bündelt sich auf den Verursacher beziehungsweise auf den Grund der Freude. Alles andere um einen herum wird von einer Sekunde zur anderen völlig unwichtig und von uns kaum noch beachtet.

Freude empfinden wir als spontane, positive emotionale Reaktion auf etwas Schönes oder Angenehmes, das uns entweder von außen, durch andere oder auch nur durch unsere intensiven Gedanken an besonders wertvollen Momenten widerfährt. Die mentale Wiederbelebung wunderschöner Erinnerungen und Erlebnisse, unser autobiographisches Gedächtnis, projiziert all die herrlichen Emotionen der Vergangenheit in die Gegenwart und lässt uns in solchen Situationen eine Gänsehaut bekommen. Wir erleben, sehen, hören und empfinden alles so, als würde es im Hier und Jetzt stattfinden. Und genau das ist ein unglaublich wertvolles mentales Potential.

Freude wird oft mit Glück gleichgesetzt, das eine hat auf jeden Fall oft das andere zur Folge. Wir brauchen jedenfalls beides, denn nichts lädt einen so sehr mit positiver Energie auf und verleiht einem so viel Authentizität, Ausstrahlung und Mut wie die Macht und Kraft eines großen Glücksgefühls durch echte Freude.

Ihre emotionale Sprache lebt genau davon, braucht die ständig sprudelnde Quelle von viel Gefühl und echtem Herzblut, sonst bleibt sie unbedeutend, kraft- und wirkungslos. Daher bitte ich Sie: Freuen Sie sich, sooft Sie nur können. Über sich, das Leben, die Menschen!

6. Inspiration

Kennen Sie diese außergewöhnlichen Momente, in denen Sie eine Eingebung, einen tollen Einfall – eben eine Inspiration – hatten, die Ihnen großartige Erfolge bescheren und Ihr Leben verändern kann?

Meistens geschieht dies, während Sie gerade etwas völlig anderes tun oder denken, wenn Sie überhaupt nicht damit rechnen. Denn wahre Inspiration entspringt nicht dem Kalkül, speist sich nicht aus Ihrem Intellekt und schon gar nicht aus Ihren konzentrierten Gedanken, Ihren Absichten oder Zielen. Diese so kostbaren, erfrischenden und oft Gewinn bringenden Momente scheinen die Summe völlig unbewusster, unkalkulierbarer und von daher leider auch nicht planbarer Prozesse in uns zu sein. Unkontrollierbare Vorgänge, der unbewusste Zugriff auf geballte innere Ressourcen, die uns so nicht zur Verfügung stehen. Es ist das konsequente Auswerten, Verfolgen und spätere konstruktive Zusammenfügen aller Informationen, Emotionen, Erfahrungen und unbewussten Wahrnehmungen unseres Unterbewusstseins, das die Lösung, die Idee, die Inspiration dafür bringt, wofür wir zuvor den Verstand vergeblich bemüht und woran wir uns die Zähne ausgebissen haben.

Bedeutet das, wir können gar nichts für unsere Inspiration tun? Mitnichten, denn wir können für die optimalen Voraussetzungen sorgen. Entscheidend dafür scheint etwas Abstand, das gedankliche Loslassen und folglich ein positiv entspannter innerer Zustand zu sein. Sicher hatten Sie bisher nicht die besten Einfälle und Lösungen, wenn Sie diese mit Gewalt finden wollten.

Wann haben Sie zuletzt eine Inspiration gehabt? Und was haben Sie aus dieser großartigen Idee gemacht?

7. Erstaunen

Hand aufs Herz: Wann hat Sie das letzte Mal etwas positiv überrascht, verwundert und zum Erstaunen gebracht? Und wann ist es Ihnen gelungen, andere durch Ihre besonderen Worte oder Handlungen zu erstaunen?

Positives Erstaunen ist eine angenehme, sehr intensive, doch bei manchen Menschen leider selten gewordene Positivemotion. Ähnlich wie beim mangelnden Interesse ist man nicht mehr offen genug dafür oder lässt es nicht mehr zu, erwartet und beachtet lieber Bekanntes, Gewohntes oder gar bereits endgültig Be- oder Vorverurteiltes und nimmt Erstaunliches dadurch überhaupt nicht mehr wahr. Schade, denn so verpasst man sehr viel!

Erstaunen tritt immer dann ein, wenn unser persönliches Weltbild, unsere Erwartungen und unsere Vorstellungen kräftig durcheinandergeschüttelt und positiv aus dem Lot gebracht werden: durch schöne Ereignisse, Erlebnisse oder Verhaltensweisen anderer Menschen, mit denen wir nicht gerechnet haben. Wenn wir einmal wieder so richtig erstaunt sind, dann kommt bei uns ein spontaner innerer Dialog der Art in Gang: »Das hätte ich nicht gedacht« oder »Wenn ich das gewusst hätte ...«. Es ist der deutliche Ausdruck dafür, dass man von etwas oder jemandem zutiefst überrascht ist. In manchen Fällen wird Erstaunen von einem tiefen Gefühl des Respekts begleitet, zum Beispiel vor einer herausragenden Fähigkeit oder Leistung eines Menschen. Menschliches Erstaunen ist meistens leicht erkennbar: Mund und Augen sind weit aufgerissen und die Pupillen deutlich geweitet.

Wie sehr sind Sie noch bereit, erstaunt zu sein und andere zu erstaunen? Probieren Sie es doch heute einmal aus.

8. Begeisterung und Leidenschaft

Kennen Sie das wunderbare, positive Gefühl, sich für etwas oder jemanden nicht nur zu interessieren, sondern davon geradezu gefesselt, beseelt zu sein und sich fast schon magisch angezogen zu fühlen? Das ist echte und pure Begeisterung! Ein toller, hochemotionaler innerer Zustand, der uns spontan in die allerbeste Stimmung bringt, unser persönliches Interesse, unsere gesamte Konzentration, Aufmerksamkeit und Wahrnehmung in dem Moment auf den Auslöser der Begeisterung lenkt. Eine Positivemotion, die sehr viele Parallelen zu dem Zustand der Liebe oder Verliebtheit hat. Denn wenn wir von etwas zutiefst begeistert sind, werden wir im bestgemeinten Sinne wieder zum Kind und verhalten uns unverfälscht und authentisch.

In diesem Zustand der Leidenschaft verfolgen wir unser emotional gesteigertes Interesse an einer Aufgabe, einem Thema oder einem Menschen mit unserer gesamten Energie. Wir denken und handeln dann nicht mehr sachlich, abwägend oder vorsichtig, sondern vor allem hochemotional, sind hellwach, motiviert und voller Tatendrang – und stecken damit auch andere Menschen schnell an. Unglaublich, wie begeisternd, überzeugend und wozu wir plötzlich im Stande sind! Und genau das ist es, was wir im Leben brauchen.

Begeisterung und Leidenschaft – ein wahrhaft starkes Pärchen, das Sie Ihren Zielen in riesigen Schritten näher bringen kann und für die optimale Performance Ihrer emotionalen Sprache entscheidend ist. Was begeistert Sie? Welche Aufgabe, welches Ziel verfolgen Sie mit Ihrer ganzen Leidenschaft? Und wie oft tun Sie dies? Achten Sie jedoch darauf, dass Ihre Leidenschaft bei anderen keine Leiden verursacht.

9. Lob und Anerkennung

Wir wollen es oft nicht glauben oder uns selbst eingestehen und geben es meistens auch nur sehr ungern zu. Doch wir brauchen Lob und Anerkennung anderer Menschen wie die Luft zum Atmen, den Schlaf und das Wasser zum Überleben. Sie sind die wahre Triebfeder unseres gesamten Handelns und Strebens. Denn die Sehnsucht danach, gemocht, anerkannt, beachtet und geliebt zu werden, ist für uns das wichtigste Grundmotiv unseres Lebens. Sie ist auch der deutlichste Ausdruck unseres sozialen Wesens. Wir genügen uns auf Dauer selbst nicht, wir brauchen den Kontakt zu und das Feedback von unserer Umgebung. Vor allem von den Menschen, die uns besonders wichtig und ans Herz gewachsen sind.

Entscheidend ist, dass sich dieses Bedürfnis in maßvollen Grenzen hält, wir nicht nur von dem Wohl und Urteil anderer abhängig sind. Sonst wird es für uns und unseren Weg gefährlich, wir machen uns unglaubwürdig, weil wir nur noch tun, wovon wir wissen, dass es anderen gefällt, und nicht mehr das, was wichtig und richtig für uns ist, was zu unserer Persönlichkeit passt und uns glücklich macht. Es geht um die Kunst, Lob und Anerkennung anderer wertzuschätzen und zu genießen und sich gleichzeitig eine eigene Meinung zu bewahren – und selbst eine Kultur des Lobens und Anerkennens vorzuleben. Denn wer loben kann, ist eine Persönlichkeit, die Menschen liebt.

Wie wichtig sind Ihnen Lob und Anerkennung? Freuen Sie sich darüber? Oder gieren Sie förmlich danach? Dann passen Sie bitte auf, behalten Sie Ihr Leben in der Hand! Und wen loben Sie heute noch?

10. Stolz

Wir alle kennen das tolle, wahnsinnig intensive und beinahe schon berauschende Glücksgefühl, darauf stolz zu sein, endlich eine riesengroße Hürde genommen, eine wichtige Etappe geschafft oder ein lange angestrebtes Ziel erreicht zu haben. Dort angekommen zu sein, wo man hinwollte, und festzustellen, dass sich die ganze Mühe, Zeit und Energie gelohnt haben. Ein wahrlich großer Moment, den uns niemand mehr nehmen kann und dies auch nicht tun sollte. Besonders wir selbst nicht!

Denn die Magie und Einzigartigkeit dieses fantastischen Augenblicks ist unwiederbringlich. Daher sollten wir sie unbedingt ganz bewusst, intensiv und in vollen Zügen genießen und unser Können, unsere eigene Leistung, Disziplin und Hartnäckigkeit mit großem Respekt wertschätzen: Wir sollten einfach stolz auf uns sein!

Doch auch hier gibt es zwei Extreme: Das eine Extrem stellen die dar, die übertreiben und nicht bemerken, wie sehr sie andere Menschen mit ihrem permanenten Stolzgebaren nerven oder sogar verletzen. Zum Beispiel wenn sie einem arbeitslosen Freund ständig von ihren riesengroßen beruflichen Erfolgen berichten, statt das Feingefühl zu besitzen, dass dies hier fehl am Platz ist. Das andere Extrem ist nicht besser: Es sind Menschen, die aus mangelndem Selbstwertgefühl, falschen Leistungsmaßstäben oder weil sie diesen Begriff in eine völlig falsche Ecke einordnen, einfach nicht stolz auf sich sein wollen oder können.

Haben Sie den Mut und das Selbstbewusstsein, stolz auf Ihre Leistungen und Taten zu sein! Seien Sie es vor allem vor sich selbst! Und erweisen Sie auch anderen großen Respekt für deren Erfolge.

11. Liebe

Wer kennt sie nicht, diese wohl stärkste Positivemotion überhaupt: die Kraft und Macht der Liebe! Nichts ergreift uns emotional so sehr, katapultiert unsere positiven Gefühle so schnell in Rekordhöhe und verändert unseren Fokus auf das gesamte Leben so stark wie echte Liebe. Wenn wir in einen Menschen verliebt sind, gibt es für uns meistens nichts anderes mehr, was wichtig ist. Unsere Wahrnehmung, Konzentration und Aufmerksamkeit richten sich dann fast ausnahmslos auf den geliebten Menschen. Unser Körper ist im Ausnahmezustand, ein starker Cocktail an Glückshormonen wird im Gehirn ausgeschüttet und versetzt uns in die Lage, Unglaubliches und Unerwartetes zu tun: Kein Weg ist zu weit, keine Nacht zu kurz, kein zeitlicher Aufwand zu groß, um der neuen Liebe nachzugehen. Wir könnten Berge versetzen, mobilisieren ungeahnte Energien, sind einfühlsam, kreativ und motiviert wie nie zuvor. Und wir sind auch gesundheitlich topfit!

Doch nach einer Weile relativiert sich alles, das intensive Gefühl und die positiven Begleiterscheinungen der frischen Verliebtheit lassen nach, und es kehren wieder Vernunft und Sachlichkeit ein. Schade, denn das ist von Mutter Natur zwar so gewollt, doch genau daran scheitern viele Beziehungen. Aber es muss nicht sein!

Wann waren Sie zuletzt richtig verliebt? Sind Sie es immer noch? Tun Sie bitte zweierlei: Pflegen Sie Ihre Liebe, damit diese bleibt. Und nutzen Sie deren faszinierende Kraft. Machen Sie es zu Ihrer allerbesten Gewohnheit, sich dieses wundervolle Gefühl regelmäßig zurückzuholen, sich daran zu erinnern und damit ständig davon zu profitieren.

EMOTIONEN: CHANCE ODER SCHICKSAL

Jetzt haben wir die für uns entscheidenden Positiv- und Negativemotionen kennen gelernt, die uns beflügeln, unser ganzes Leben bereichern und uns zu Höchstleistungen anspornen oder umgekehrt all unsere Bemühungen in einem Augenblick zunichtemachen und uns für immer schaden können. Im positiven Fall ging es um Dankbarkeit bis hin zur Liebe, die negative Bandbreite erstreckte sich von Minderwertigkeits- und Schuldgefühlen bis hin zur Zögerlichkeit. Jede dieser Emotionen hat natürlich ihre Berechtigung, denn gerade die negativen Emotionen folgten unseren Instinkten und Reflexen und dienten der Menschheit in früheren Zeiten zum evolutionären Überleben. Wir brauchen sie unbedingt.

Doch was bleibt, und was heißt das nun ganz konkret für Sie und den Erfolg Ihrer emotionalen Sprache? Ganz einfach, Ihre Emotionen sind für Sie eine unglaublich tolle Chance – oder eben Ihr Schicksal. Dieses Thema ist meiner Erfahrung nach von so erfolgsentscheidender Bedeutung für Sie und alles, was Sie für die Performance Ihrer emotionalen Sprache unternehmen wollen, dass ich Sie abschließend noch einmal dafür sensibilisieren und zum aktiven Handeln auffordern möchte. Lenken Sie ab heute regelmäßig Ihre volle Aufmerksamkeit auf Ihre Emotionen, behalten Sie sie im Auge, leben Sie die positiven

Emotionen aus, entlarven Sie die Negativemotionen, und halten sie so gut es geht im Zaum.

Entdecken Sie Ihre Emotionen als Chance – statt als Ihr Schicksal!

DAS EINMALEINS GELUNGENER KOMMUNIKATION

EMOTIONALE BASICS

Gehört das Einmaleins der gelungenen Kommunikation tatsächlich zu den echten Emotionsboostern? Ein klares Ja ist die Antwort, denn so einfach und selbstverständlich Ihnen diese grundlegenden Spielregeln des zwischenmenschlichen Miteinanders auch erscheinen mögen, so oft werden sie leider auch vergessen oder missachtet. Möglicherweise gerade weil wir sie für so selbstverständlich halten. Am Wissen um deren Bedeutung liegt es aus meiner Erfahrung jedenfalls in den meisten Fällen nicht. Doch Wissen bedeutet noch lange nicht konsequentes Tun.

Wahrscheinlich mangelt es uns häufig einfach an Achtsamkeit, Bewusstsein und konsequentem Umsetzungswillen dafür. Vielleicht weil wir uns mit solchen Selbstverständlichkeiten nicht lange aufhalten, Zeit sparen und lieber die Abkürzung zum Ziel nehmen wollen – gerade in der heutigen hektischen Zeit, in der es permanent um schnelle Ergebnisse geht. Doch diese Abkürzung darf es nicht geben. Erfolgreiche Kommunikation ist kein Geheimnis, sondern basiert auf klaren, grundlegenden Spielregeln. Missachten wir diese, dann ist alles andere wertlos. Und dies wäre ein riesengroßer Fehler! Darum ist das Einmaleins der gelungenen Kommunikation die entscheidende Basis für alles Weitere, sozusagen der Wegbereiter aller übrigen Boosters, mit denen Sie sich selbst und andere Menschen emotionalisieren und die Grundlage für ein erfolgreiches, positives und verständnisvolles Miteinander schaffen: die Säulen Ihrer emotionalen Sprache.

Lassen Sie uns also kurz über das Wichtigste reden, was Sie als Basics für Ihre gelungene Kommunikation beachten sollten. Entscheidend ist, dass Sie diese Punkte verinnerlichen und ab sofort konsequent anwenden. Es bringt viel und tut nicht weh.

Alles beginnt mit zwei kleinen Wörtern, die im Alltag oft gar nicht so leicht zu beherzigen sind: Respekt und Toleranz.

Respekt und Toleranz

Danach gefragt, halten sich die meisten Menschen für respektvoll, höflich und tolerant. Doch in der Praxis sieht es häufig leider völlig anders aus. Und dies nicht immer aus böser Absicht, wie bei manchen rücksichtslosen Zeitgenossen, die uns beim Vorbeilaufen anrempeln, uns die Tür vor der Nase zuschlagen, in der Öffentlichkeit lautstark telefonieren oder sich bei jeder Gelegenheit ohne Scheu vordrängeln. Das ist Rücksichtslosigkeit mit System. Doch das meine ich hier nicht, denn oft passiert dies einfach aus Gedankenlosigkeit, mangelnder Wahrnehmung und Aufmerksamkeit. Und auch durch einen ordentlichen Schuss an Selbstverliebtheit!

Wir sind meistens gefangen in unseren eigenen Gedanken und aktuellen Stimmungen, oft hektisch und ungeduldig und haben nur die möglichst schnelle Erledigung unserer Aufgaben und das Erreichen unserer Ziele im Auge, sind konzentriert auf das, was uns wichtig ist, und verlieren darüber leider schnell die Sensibilität für unser Umfeld, die Wahrnehmung, Beachtung und Wertschätzung für unsere Mitmenschen und damit auch den Respekt vor ihnen. Nicht gewollt, doch getan.

Seien wir ehrlich: Wie oft hören wir anderen nur mit halbem Ohr zu, weil wir gerade in Gedanken sind, in gespannter Erwartung auf eine Nachricht ständig auf unser Smartphone schauen oder lieber zum nächsten Thema übergehen und gerne über etwas ganz anderes sprechen wollen. Über etwas, das wir uns von der Leber reden wollen, etwas, das für uns im Augenblick wichtig ist. Merken Sie es? Es geht uns meistens nur um uns selbst! Klar schaffen wir es in der Regel, dem Gegenüber wenigstens höflich zuzuhören und so zu tun, als würden uns seine Worte interessieren. Doch das ist falsch verstandene Höflichkeit, manchmal sogar unsensibles Desinteresse und mangelndes Einfühlungsvermögen für die Person und ihr Thema. Das hat nichts mit Respekt zu tun. Wahrem Respekt davor, was den anderen in diesem Moment gerade beschäftigt, was ihn bewegt, emotional berührt und was er uns anvertrauen will. Doch wir sind nicht bei ihm, wir sind ganz woanders. Oder wir treiben ihn im schlimmsten Fall sogar auch noch an, indem wir seine Aussagen ergänzen, bevor er sie selbst zu Ende bringen kann.

All dies ist zutiefst menschlich, und kaum jemand kann von sich behaupten, er hätte sich nicht auch schon mal so verhalten. Wichtig ist, dass dies die Ausnahme bleibt! Denn sonst entstehen keine tiefgründigen, wertvollen Gespräche und intensive, vertrauensvolle zwischenmenschliche Bindungen. Was also ist die Lösung? Ganz einfach: Entscheiden Sie sich, ob Sie lieber Ihren Gedanken nachhängen und sich um Ihre Prioritäten kümmern wollen, oder ob Sie für andere Menschen und das, was diese gerade umtreibt, bereit und offen sind. Im ersten Fall sollten Sie ganz offen und ehrlich damit umgehen und den anderen um sein Verständnis oder etwas Zeit bitten. Oder haben Sie eher Lust auf das Gespräch? Dann seien Sie konsequent und schenken Sie dem anderen das Wichtigste, was Sie ihm überhaupt bieten können: Ihre Zeit, Ihr offenes Ohr, Ihre volle Aufmerksamkeit und Beachtung und ... Ihren persönlichen Respekt! Denn er hat ihn verdient.

Genauso wichtig wie Respekt ist unsere Toleranz anderen Menschen gegenüber. Wer von uns wäre nicht gerne absolut tolerant und weltoffen? Doch wie schnell tappen wir immer wieder in die Falle unseres durch Prägung, Erziehung, Erfahrungen und Lebensgewohnheiten ankonditionierten Weltbilds, unserer Zu- und Abneigungen, Meinungen, Ansichten und Vorurteile! Der alleinige Maßstab für unsere Toleranz ist dabei oft nur das, was wir selbst kennen, wollen, haben und wertschätzen. Eben nur das, was wir selbst für wichtig und richtig halten in unserem Leben. Unser persönliches Grundgesetz, das wir nur allzu gerne verallgemeinern und auch jedem anderen überstülpen wollen. Weil es das Leben für uns natürlich vereinfacht. Doch so funktioniert das Ganze nicht. Genauso wie wir ein Recht auf unser Weltbild, unsere Ansichten, Meinungen und Vorlieben haben, hat es jeder andere auch. Dieselbe Toleranz, die wir von anderen einfordern, verdienen andere auch von uns. Sonst bleiben wir Gefangene unserer Werte und Haltungen, be- und verurteilen Menschen nur nach den Äußerlichkeiten und danach, ob sie auch genauso sind wie wir.

Akzeptieren wir doch einfach mal, besser noch, freuen wir uns doch darüber, dass andere anders sind. Und seien wir viel lieber neugierig auf deren Weltbild und deren Gedanken, Erfahrungen und Ziele, um uns damit zu bereichern und dadurch ständig dazuzulernen. Denn gerade das macht das Leben bunt, facettenreich und spannend!

Höflichkeit

Es mag vielleicht altmodisch klingen, doch gerade die Höflichkeit anderen Menschen gegenüber ist ein entscheidender Faktor, der zu einer positiven, freundschaftlichen und wirklich gelungenen Kommunikation beiträgt. Es geht dabei schon wieder um Selbstverständlichkeiten, um scheinbare Kleinigkeiten, doch die haben eine größere Wirkung, als wir allgemein annehmen. Gerade sie scheinen heute mehr und mehr aus der Mode zu kommen beziehungsweise in unserer schnelllebigen Welt unterzugehen. Doch sie haben eine immense Bedeutung, und daran wird sich nichts ändern, solange wir Menschen so sind, wie wir sind: Wir wollen einfach, dass man es spürbar gut mit uns meint, positiv auf uns zugeht und angenehm und rücksichtsvoll mit uns umgeht. Höflichkeit ist darum die einfache und wunderbare Form der Aufmerksamkeit, Anerkennung und Wertschätzung anderen gegenüber.

Höflichkeit wirkt sehr entspannend und emotionalisierend, ist ein wundervoller Vertrauensbildner und Herzensöffner. Höflichkeit kostet uns nichts, außer ein wenig Zeit, Respekt und ganz bewusste Wahrnehmung für unsere Mitmenschen. Damit meine ich, anderen Menschen gegenüber zuvorkommend zu sein, ihnen auch einmal mit dem, was sie gerade beschäftigt und worüber sie gerne reden wollen, den Vortritt zu lassen und unsere eigenen Interessen einmal hintanzustellen. Ausgesprochen höflich zu sein bedeutet, gerne und regelmäßig bitte und danke zu sagen. Viel Ruhe, Interesse und Aufmerksamkeit auszustrahlen, wirklich zuzuhören und den Gesprächspartner auch ausreden zu lassen. Und, vor allem, auf das von ihm Gesagte einzugehen, statt gleich mit dem nächsten oder dem eigenen Thema fortzufahren. Sie haben sicher selbst schon einmal bemerkt, wie unangenehm es ist, wenn Ihr Gegenüber auf Ihre Worte überhaupt nicht eingeht, Ihnen kein Feedback dazu gibt, sondern lieber ständig sofort über andere Themen spricht. Dann entsteht schnell ein Gefühl der Missachtung und mangelnder Wertschätzung für das, was uns gerade wichtig ist. Wir ziehen uns zurück, haben keine Lust mehr, uns dem anderen weiter anzuvertrauen, schalten von Offenheit und Vertrauen auf Rückzug und Vorsicht um. Oder werden sogar aggressiv. Denn mangelnde Beachtung ist die stärkste Form der Unhöflichkeit. Es reichen sogar schon einzelne, hart ausgesprochene, taktlose Worte wie »falsch«, »doch!«, »aber trotzdem« oder »das kann nicht sein«, um unhöflich zu sein und Menschen vor den Kopf zu stoßen, deren Worte anzuzweifeln und Ihnen auch gleich den Respekt zu entziehen.

Ertappen Sie sich auch manchmal dabei, anderen gegenüber unhöflich zu sein? Vielleicht nicht einmal aus böser Absicht, sondern aus Ungeduld oder aus Zeitmangel? Achten Sie künftig bitte noch mehr darauf und zelebrieren Sie Höflichkeit als eine positive, menschen- und lebensbejahende Einstellung und Verhaltensweise. Denn damit haben Sie einen hochwirksamen Schlüssel für Ihre erfolgreiche emotionale Kommunikation in der Hand.

Positives Gesprächsklima, vertrauensvolle Atmosphäre

Hand aufs Herz: Wie oft passiert es uns in der alltäglichen Hektik und Gedankenlosigkeit, dass wir ein Gespräch zwischen Tür und Angel führen wollen, um mit unseren Aufgaben voranzukommen und Zeit zu sparen?

Doch glauben Sie mir, das ist ein großer Irrtum. Denn das kostet Sie letztendlich viel mehr Zeit. Gelungene, effektive Kommunikation braucht auch einen entsprechenden Rahmen. Förderliche Randbedingungen wie ein positives Gesprächsklima und eine vertrauensvolle Atmosphäre, ohne die kein gutes, offenes Miteinander möglich ist. Und ohne die Sie weder den wahren Absichten oder Hintergründen Ihres Gesprächspartners auf den Grund kommen noch seine volle Aufmerksamkeit und Beachtung für Ihre Anliegen erhalten werden. Was für den Gesprächserfolg zählt, ist eine positive emotionale Grundstimmung auf beiden Seiten. Nur dann sind alle Beteiligten mit Herz und Verstand bei der Sache, konzentriert, hellwach, aufmerksam und prinzipiell wohlwollend eingestellt. Darauf kommt es nämlich an, denn dann werden nicht nur Worte, sondern vor allem auch emotionale Botschaften zwischen Ihnen und Ihrem Gesprächspartner ausgetauscht. Und erst die machen eine Entscheidung und ein gemeinsames Vorankommen möglich.

Was können und was sollten Sie also tun, wenn Sie auf andere Menschen treffen, bevor Sie mit ihnen ins Gespräch kommen? Nutzen Sie die Magie des Augenblicks, zelebrieren Sie die Begrüßung mit voller Aufmerksamkeit, Wertschätzung und Beachtung. Schenken Sie ihnen einen ganz bewussten Blick und sagen Sie mehr als »Hallo«, »Guten Tag« oder sogar nur »Tag«. Denn das bezeugt und weckt kein Interesse und keinerlei Emotion. Wagen Sie stattdessen lieber etwas Neues, sagen Sie doch einmal voller Lust und Leidenschaft: »Hallo, wie geht es Ihnen heute?«, »Guten Tag, wirklich schön, Sie heute hier zu sehen« oder »Hallo, ich freue mich, Sie heute wiederzusehen. Unser letztes Gespräch hat Spaß gemacht«. Das fällt dem anderen garantiert auf, weil es aus dem sonst üblichen flüchtigen Einerlei positiv heraussticht. Es rüttelt ihn wach und sorgt in Sekundenbruchteilen für Entspannung, positive Erwartungen und ein angenehmes Gesprächsklima.

Schaffen Sie gerade für wichtige beziehungsweise heikle Gespräche eine vertrauensvolle Atmosphäre. Fragen Sie Ihr Gegenüber zum Beispiel: »Wo wollen wir uns hinsezten?« oder »Wo wollen wir miteinander reden, damit Sie sich wirklich wohl fühlen?«. Oder bieten Sie den richtigen Ort aktiv an und machen Sie ihm deutlich, dass er Ihnen wirklich vertrauen kann, beispielsweise durch Äußerungen wie: »Ich habe für unser (wichtiges) Gespräch ein schönes, ruhiges Plätzchen reserviert. Da können wir ganz in Ruhe miteinander reden« oder »Ich bin gespannt, was Sie auf dem Herzen haben, und bin ganz Ohr« oder »Sie können mir vertrauen. Diesen Raum wird nichts verlassen. Das verspreche ich Ihnen!«. Fest steht: Solche und ähnliche von Herzen gemeinte Worte bewirken beim anderen wahre Wunder. Denn er erlebt von Beginn an das Wichtigste, was er sich nur wünschen kann: echte, vorgelebte Aufmerksamkeit, Beachtung und Anerkennung. Und belohnt dies durch seine Offenheit, seine positive innere Einstellung und das Vertrauen, das er Ihnen anschließend schenkt.

Gegenseitige Beeinflussung

Sprache, ob verbal oder nonverbal, ist keine Einbahnstraße, sondern immer eine wechselseitige Beeinflussung. Jeder Satz, jedes Wort, jede Geste, jeder Blick und jede Veränderung in der Mimik bewirken etwas, haben andere Gedanken und Emotionen und ein daraus resultierendes (neues) Verhalten zur Folge – und dies geschieht in Ihnen selbst und in Ihrem Gesprächspartner. Begrüßen Sie Ihren Gesprächspartner zum Beispiel mit einem freudigen, ehrlich gemeinten »Schön, dass Sie da sind. Ich freue mich auf unser Gespräch«, dann verstärkt dies sowohl in ihm als auch in Ihnen ein positives Gefühl. Ein »Da sind Sie ja endlich. Wir müssen reden« bewirkt genau das Gegenteil.

Lesen Sie jetzt bitte die folgenden Formulierungen ganz bewusst: »Eigentlich könnte man mal...« – »Ich könnte...« – »Ich will...« – »Ich werde...« – »Ich habe große Lust darauf...« Erkennen Sie den Unterschied? Merken Sie, wie unterschiedlich selbstmotivierend das Ganze auf Sie wirkt?

Denken oder besser noch sprechen Sie doch einmal diese Wörter halblaut und sehr betont aus: »Schön – herrlich – wundervoll – kostbar – phantastisch – atemberaubend – prickelnd – sexy.« Haben Sie bemerkt, wie angenehm und positiv sie auf Sie selbst wirken und welche Gefühle oder Bilder sie spontan in Ihnen hervorrufen? Dann denken und sagen Sie jetzt bitte einmal »Problem – schwierig – furchtbar – quälend – grauenvoll«. Was haben diese Begriffe in Ihnen bewirkt? Nicht so angenehmes, oder?

Blicken Sie jetzt einmal mit leerem, defokussiertem Blick aus dem Fenster. Und nun öffnen Sie Ihre Pupillen ein wenig mehr, und schauen Sie mit voller Konzentration auf einen Punkt oder Gegenstand, der vor Ihnen liegt. Haben Sie bemerkt, wie sich Ihr Bewusstseinszustand verändert hat: von in sich gekehrt zu hellwach und fokussiert? Denken Sie als Nächstes bitte in sieben Sekunden an etwas sehr Schönes, an einen ganz besonderen Moment, den Sie erlebt haben oder der vor Ihnen liegt: Ihren Urlaub, ein berufliches Erfolgserlebnis, das erste Date mit einem neuen Partner ... Was passiert in Ihnen? Tolle, intensive Gefühle und Bilder, die in Sekundenbruchteilen in einem aufsteigen, oder? Umgekehrt funktioniert es leider auch. Und zwar oft noch schneller und intensiver, da es evolutionär so in uns angelegt ist, uns schnell vor Gefahren warnen und unser Überleben sichern soll: negative Gedanken. Denken Sie doch jetzt bitte einmal ganz kurz an etwas richtig Negatives oder Unangenehmes, das Sie erlebt haben oder das noch vor Ihnen liegt: eine Prüfung, eine schmerzliche Trennung, ein Streit. Was geht jetzt in Ihnen vor? Wahrscheinlich dasselbe wie bei den meisten Menschen: Sie fühlen sich spontan schlechter, unsicher, negativer.

Genauso ergeht es auch Ihrem Gesprächspartner. Er selbst beeinflusst sich durch seine Gedanken, seine Sprache und Körpersprache, bringt sich dadurch in eine positive oder negative emotionale Stimmung. So beeinflussen alle Beteiligten einerseits sich selbst und gleichzeitig auch das Gegenüber. Ein ständiger Wechsel zwischen Selbst- und Fremdbeeinflussung.

FAZIT: Das Beste, was Sie aktiv für den Erfolg Ihrer Kommunikation und das Gelingen Ihrer zwischenmenschlichen Begegnungen tun können, ist daher, auf Ihre positiven Gedanken, Worte und Ihr positiv emotionales Verhalten zu achten. Denn das tut nicht nur Ihnen gut und schützt Sie vor negativer Fremdbeeinflussung, sondern hat auch eine riesengroße, äußerst erfreuliche Ausstrahlung und Wirkung auf Ihr Gegenüber. Denn Gefühle übertragen sich: positive wie negative! Sie allein entscheiden, welche Emotionen Sie bei anderen gerne gezielt auslösen, verstärken und anschließend positiv für sich nutzen wollen. Und ob Sie es sich damit im Gespräch viel leichter machen ... oder auch nicht!

Es zählt, was ankommt

Beim Miteinander-Kommunizieren gilt eine besondere Spielregel: Es ist im Grunde nicht so wichtig, was gesagt wird, sondern letztendlich zählt nur, wie eine Aussage beim anderen ankommt. Doch das gilt natürlich nur dann, wenn Sie verantwortlich und erfolgreich kommunizieren und mit Ihren Worten und Botschaften bei Ihrem Gesprächspartner wirklich etwas erreichen wollen. Falls Ihnen dies völlig egal ist, falls für Sie nur zählt, dass Sie dem anderen etwas gesagt haben, dann vergessen Sie diese grundlegend wichtige Spielregel jetzt bitte gleich wieder.

Es zählt, was ankommt. Ich gebe gerne zu, dass dies zunächst einmal seltsam klingen mag. Reicht es denn nicht, zu wissen, dass ich etwas gesagt habe? Nein, eben nicht, und dies leuchtet einem bei näherer Betrachtung auch schnell ein. Denn worum geht es beim Miteinander-Reden, beim verbalen und nonverbalen Kommunizieren? Im Grunde geht es nur darum, eine gewünschte Wirkung zu erzielen, in anderen etwas auszulösen, was auch immer dies sein mag. Der Maßstab für das, was wir im Gegenüber auslösen können, ist nicht unser Redefluss, sondern ausschließlich der Wirkungsgrad, mit dem der Kern unserer Botschaft und die Emotionen es erreichen, berühren und zum Handeln bringen. Also, machen Sie sich bitte immer wieder klar, wenn Sie mit anderen Menschen reden: Für Ihre Wirkung und Ihren Gesprächserfolg zählt allein, was beim Gegenüber ankommt!

Achten Sie ganz bewusst und sehr präzise darauf, wie Ihr Gesprächspartner auf Ihre Aussagen und Fragen reagiert, insbesondere auf seine spontanen Reaktionen, denn das sind meistens die emotional ungefilterten Reflexe, also sein ehrlichstes und authentischstes Feedback. Wie verändert sich seine Mimik? Positiv oder negativ? Wie ist sein Blickkontakt? Ist er vorhanden, oder geht er verloren? Was sind seine ersten Worte? Wie klingt Ihr Gesprächspartner? Freundlich oder abweisend, begeistert oder gelangweilt, gespannt oder desinteressiert? Denn schon eine alte Volksweisheit besagt: »Der Ton macht die Musik!« Denken Sie bitte immer daran: Der Ton zeigt die Emotion! Hören Sie daher nicht nur gut zu, sondern auch sehr genau hin.

Abholen und mitreißen

Ihr größter Begeisterungssturm nützt nichts, Sie können Ihre inhaltlichen Botschaften mit noch so viel Überzeugung kommunizieren und noch so viele emotionale Funken versprühen – wenn der Gesprächspartner noch nicht bereit dazu ist und Ihnen nicht folgt, dann war alles umsonst. Das wäre in etwa so, als ob Sie bei einem Spaziergang nach der Hand Ihres Kindes oder Partners greifen wollen, obwohl Sie zuvor nicht darauf geachtet haben, ob Ihre Begleitpersonen neben Ihnen auf Augenhöhe mit Ihnen laufen. Dann werden Sie wohl ins Leere greifen! Umgekehrt können Sie eine gute Stimmung und dazu passende, »stimmige« Gespräche oft allein daran erkennen, dass Sie und Ihre Begleitperson plötzlich im Gleichschritt gehen.

Wirklich gelungene Kommunikation funktioniert nur auf Augenhöhe: Damit meine ich das Niveau, die Partnerschaftlichkeit und die gleiche oder zumindest ähnliche emotionale Basis. Doch leider verstehen wir die Prinzipien erfolgreicher zwischenmenschlicher Überzeugung falsch, wenn wir versuchen, die aktuelle Stimmung anderer Menschen zu übergehen und mit unserer persönlichen Stimmung zu beeinflussen. Das funktioniert allerdings nur, wenn der Unterschied zwischen den emotionalen Levels gering ist. Ist er größer oder liegen sogar Welten zwischen Ihrer aktuellen Stimmung und der Ihres Gesprächspartners, dann kann und wird es Ihnen nicht gelingen. Sie haben das bestimmt schon selbst erlebt, wenn Sie einmal versucht haben, Ihren schlecht gelaunten Partner mit Ihrer Begeisterung anzustecken, ohne mit einem Wort auf seine Stimmungslage einzugehen. Das wird nur in echten Glücks- und Ausnahmefällen funktionieren. Denn meistens wird der andere wohl kaum darüber erfreut sein und Ihnen dann auch deutlich signalisieren, dass er sich von Ihnen mit seinem Dilemma alleingelassen fühlt.

Denn in diesem Fall ist es geboten, erst einmal innezuhalten, die Emotionen des anderen ganz bewusst wahrzunehmen und spürbar darauf einzugehen, ganz egal, was Sie selbst in diesem Moment ursprünglich vorhatten. Zum Beispiel, indem Sie ihm Fragen stellen, die ihm deutlich zeigen, dass Sie seine Befindlichkeit bemerkt haben und darauf eingehen beziehungsweise sich darum kümmern, statt sich aus der Affäre zu ziehen und das Ganze zu überspielen, wie dies leider allzu oft passiert. Das kommt an und wirkt! Denn es zeigt dem Gegenüber Ihr aufrichtiges Interesse, beweist Ihre volle Aufmerksamkeit und Ihr Einfühlungsvermögen für die aktuelle Situation oder Stimmungslage. Sicher erinnern Sie sich noch, wie wichtig diese drei Big Points für den Erfolg Ihrer emotionalen Kommunikation sind. Und es geht weiter: Denn gleich nachdem wir die Situation und Stimmung des anderen klar erkannt haben, sollten wir aktiv werden und den Gesprächspartner möglichst genau dort abholen, wo er emotional gerade steht. Nur dann haben wir eine viel versprechende Chance, daran maßgeblich etwas zu ändern, das Blatt zum Positiven zu wenden, den anderen von seinen Negativemotionen wegzulenken und für uns und unsere Anliegen zu öffnen. Erst dann ist auch wieder ein positives, konstruktives Gespräch möglich.

Angleichen und Gemeinsamkeiten schaffen

Eines der besten und wirksamsten Mittel, um andere Menschen aus ihrer aktuellen emotionalen Situation abzuholen, sie an die Hand zu nehmen, ihr Vertrauen zu gewinnen und in eine gewünschte Richtung führen zu können oder zu dürfen, ist das *Angleichen* auf den unterschiedlichsten verbalen und nonverbalen Ebenen. Denn Angleichen schafft wertvolle Gemeinsamkeiten – und die sorgen schnell für die richtige Wellenlänge und eine emotionale Beziehung zwischen Ihnen und dem Gesprächspartner. Bei guten Freunden, unseren Partnern und ganz allgemein bei Menschen, die uns lieb und wichtig sind, machen wir diesen unglaublich wertvollen und überaus mächtigen Angleichungsprozess meistens instinktiv, reflexartig und fast automatisch durch. Nur bei anderen zwischenmenschlichen Begegnungen, vor allem im beruflichen Kontext, oft leider nicht. Obwohl es dort fast noch wichtiger und für unsere Anliegen und Ziele noch erfolgsentscheidender wäre! Daher sollten wir dieses Potential gerade auch dort nutzen und das Angleichen zu unserem Grundprinzip machen.

Sich etwas anzugleichen, bedeutet, sich dem anderen ein wenig an seine aktuell spürbare Stimmung, seine sichtbare Körpersprache und Sprache und an seinen hörbaren Tonfall anzupassen. Jedoch ohne ihn nachzuäffen und sein Verhalten oberflächlich und gedankenlos zu kopieren. Denn dies wäre grob fahrlässig, das würde er als respektlos oder sogar angreifend bewerten. Ein leichtes Angleichen reicht meistens völlig aus und wird vom Gegenüber, wie überhaupt bis zu 70 bis 90 Prozent dessen, was auf uns einprasselt, zumindest unbewusst sehr positiv und wohlwollend registriert und dann meistens dankbar durch ein zunehmend offenes, einlenkendes und positiv entgegenkommendes Verhalten belohnt.

Angleichen können wir uns dem Gegenüber in vielen Punkten ganz einfach. So ist Ihr *Blickkontakt* ein sehr wichtiger und kinderleichter Angleicher. Wussten Sie, dass sich frisch Verliebte bis zu 90 Prozent der gemeinsam verbrachten Zeit intensiv und lange immer wieder in die Augen schauen? Ein wahrlich toller Instinkt, denn kaum etwas schlägt so schnell die Brücke zum anderen, sorgt so einfach für ein positives Miteinander und eine sich spontan aufbauende emotionale Beziehung wie der wechselseitige, bewusste und intensive Blickkontakt. Dieser ist die wohl einfachste Form, um dem anderen unser Interesse, unsere Aufmerksamkeit und Beachtung zu schenken. Zugleich zeigt er Ihnen schon in Sekundenbruchteilen, was mit dem Gegenüber los ist: Wie ist seine Stimmung, seine Aufmerksamkeit, sein Interesse? Ist es überhaupt sinnvoll, sich mit ihm jetzt auf ein vertieftes Gespräch einzulassen? Ist er wirklich offen und bereit für Ihre Fragen, Informationen und Wünsche? Oder ist es vielleicht besser, einen anderen Zeitpunkt für Ihr Anliegen zu wählen? Wie reagiert er? Schaut er Sie erfreut, offen und aufmerksam an? Oder weicht er Ihnen aus, und der Blickkontakt geht sofort wieder verloren?

Nutzen Sie regelmäßigen Blickkontakt mit anderen Menschen als das einfachste und stärkste Mittel, um sich ihnen anzugleichen und einen raschen Beziehungs- und Vertrauensaufbau zu fördern. Nicht umsonst heißt es »Blickkontakt« und nicht »Blickbeziehung«. Hier zählt wie fast immer die richtige Dosis.

Ebenso können Sie sich auch etwas an die aktuelle *Körpersprache* Ihres Gegenübers angleichen – ein wunderbares Mittel, um dem Gegenüber auch auf dieser entscheidenden Ebene schnell näherzukommen und dadurch aktiv für emotionalisierende Gemeinsamkeiten und den Beziehungsaufbau zu sorgen. Doch das gelingt nur dann, wenn Sie das nonverbale Verhalten des anderen genau wahrgenommen haben: Wie sitzt oder steht er jetzt gerade – mit aufrechter oder eher gebeugter Haltung? Wie bewegt er sich, ruhig und gelassen oder eher hektisch? Wie kommt er auf Sie zu, wenn Sie sich zum Beispiel begrüßen – in schnellen, großen Schritten oder mit sichtbar gemäßigtem, zögerlichem Gang? Wie sitzt er mit Ihnen am Tisch? Sucht er ganz offensichtlich den größtmöglichen Abstand zu Ihnen, oder kommt er Ihnen gerne nahe? Ist Ihnen sein Oberkörper zugewandt, und nimmt er gleichzeitig aktiv am Gespräch teil, oder sitzt er weit zurückgelehnt in seinem Stuhl? Wirkt er dabei entspannt, freundlich und offen – oder eher abwesend, abweisend und kritisch eingestellt?

Und für Sie vielleicht entscheidend: Strahlt seine Mimik Freude oder Sorge, Gelassenheit oder Stress, Offenheit, Interesse und gespannte Erwartung oder eher Ablehnung aus? Wohl kaum etwas verrät so viel über den wahren Gemütszustand eines Menschen wie seine Mimik. Kaum etwas zeigt Ihnen so unverfälscht und eindeutig, wie es dem anderen gerade geht, in welcher Stimmung er sich befindet, ob er überhaupt Lust auf das Gespräch mit Ihnen hat und eben auch, was er umgekehrt mit Ihnen vorhat. All dies können Sie mit einem wachen Blick und Ihrer aktiven Wahrnehmung sehr schnell und klar erkennen. Und sich Ihren Reim daraus machen.

Auf jeden Fall sollten Sie, nachdem Sie diese körpersprachlichen Signale bewusst registriert haben, unbedingt auch darauf eingehen und sich ein Stück weit daran angleichen. Sitzt oder steht Ihr Gegenüber lässig, dann tun Sie es auch, wirkt er eher förmlich, dann beweisen auch Sie bitte Haltung. Verhält sich Ihr Gesprächsparther offensiv und extrovertiert, dann dürfen auch Sie es sein und sich seiner lebendigen, ausdrucksstarken Körpersprache, insbesondere seiner Gestik, angleichen. Wirkt er dagegen eher ruhig und introvertiert und zeigt dies durch seine verhaltene Körpersprache, dann zügeln auch Sie sich bitte.

Natürlich können wir uns auch über die *Sprache und Sprechweise* wunderbar unserem Gesprächspartner angleichen, ohne uns dabei zu verbiegen und unsere Authentizität zu verlieren. Achten Sie darum gleich von Beginn des Gesprächs an genau darauf, was der andere sagt, welche Worte er verwendet und ob sich bestimmte Schlüsselbegriffe wiederholen. Denn bereits an seiner Wortwahl erkennen Sie meistens schon die Qualität, das Niveau und die Struktur seines Denkens: Verwendet er ausgefallenes Vokabular, nutzt er viele Fremdwörter oder Fachausdrücke, spricht er in langen, verschachtelten oder in kurzen, knackigen Sätzen? Spricht er flüssig oder unkonzentriert, verbindet er seine bruchstückhaften Sätze mit immer wiederkehrenden »Ähm«?, spricht er langsam oder schnell, laut oder leise?

Eine ganze Menge Indizien, die Ihnen viel über den Gesprächspartner erzählen. Und die Sie aktiv beachten und nutzen sollten, um sich ihm anzugleichen und in seine persönliche Welt einzutreten. Spricht er zum Beispiel sehr langsam, dann sagt dies auch viel über die Geschwindigkeit seines Denkens aus. Sie würden einen törichten Fehler machen, wenn Sie ein erklärter Schnellsprecher sind und Ihr Sprechtempo nicht drosseln würden. Weil die Sprechtempi einfach dissonant sind, nicht zueinanderpassen und Sie den anderen durch die Geschwindigkeit Ihres Sprechens in kürzester Zeit schlichtweg überfordern. Er kommt nicht mehr mit, schaltet ab und tritt auf Grund des in ihm zunehmend aufsteigenden Unbehagens den innerlichen Rückzug an. Oder, noch schlimmer, er bereitet aus diesem unangenehmen Gefühl heraus sogar einen verbalen Angriff gegen Sie vor. Dem können Sie vorbeugen, wenn Sie es rechtzeitig bemerken und Ihr Sprechtempo ein wenig dem des Gegenübers anpassen. Redet er schneller, dann tun Sie dies auch ein wenig, oder sprechen Sie in kürzeren Sätzen mit mehr Informationsgehalt. Dann ist das schnell sprechende und denkende Gegenüber zufrieden, denn es bekommt eine ausreichend hohe Informationsdichte geboten. Redet der andere hingegen deutlich langsamer als Sie, dann drosseln Sie entweder Ihr Sprechtempo oder, in der Praxis meistens leichter zu bewerkstelligen, reduzieren Sie die Informationsdichte Ihrer Sätze, indem Sie häufiger natürliche Sprechpausen zwischen den Sätzen und Spannungspausen vor oder nach wichtigen Fragen, Argumenten, Daten und Fakten machen. Dann geht es Ihrem etwas langsamer sprechenden und wahrscheinlich auch denkenden Gegenüber bestens, denn der reduzierte Gehalt an Informationen ist für ihn nachvollziehbar und angenehm.

Gibt es ganz bestimmte *Schlüsselwörter*, die der andere häufig benutzt? Darauf sollten Sie besonders achten, diese aufgreifen und dann selbst immer wieder verwenden. Denn diese Begriffe repräsentieren Glaubenssätze, Haltungen, Werte oder Ziele für ihn, die ihm offensichtlich wichtig sind und starke Gefühle in ihm auslösen. Darum sind seine Schlüsselwörter auch der schnelle verbale Zugang zu seinen Emotionen. Redet der andere zum Beispiel immer wieder von »Sicherheit«, dann ist dies scheinbar ein sehr wichtiger Wert für ihn. Bauen auch Sie diesen Begriff in Ihre Formulierungen ein. Überhaupt kann es für Sie interessant und lohnenswert sein, häufiger einmal das Satzende Ihres Gesprächspartners oder auch Teile davon zu Ihrem Satzanfang zu machen. Endet er zum Beispiel mit »... und genau darauf sollten wir achten«, dann beginnen Sie mit »darauf achten wir, das sehe ich auch so«. Beides, sowohl das gezielte Erkennen und Nutzen seiner Schlüsselwörter als auch das Aufgreifen seiner Satzenden, verbindet, ist ein verbales auf den anderen Zugehen, schafft Gemeinsamkeiten und ist darum auch eine effektive Form des Angleichens.

Außerdem erhalten Sie bereits erste Hinweise auf die Emotionalität des Gesprächspartners: Verwendet er viele *emotionalisierende Adjektive und Adverbien* wie »toll, wundervoll, herrlich, kostbar, großartig, einzigartig, faszinierend, phantastisch«? Dann können Sie mit großer Wahrscheinlichkeit davon ausgehen, dass er in einer positiven emotionalen Stimmung ist. Bei entsprechenden Negativbegriffen gilt das Gegenteil.

Bei den Emotionen kommt noch ein wichtiger alter Bekannter ins Spiel: *der Tonfall.* Denn er zeigt deutlich die aktuelle Stimmungslage Ihres Gesprächspartners. Neben dem Blick und der Mimik Ihres Gegenübers ist der Tonfall die dritte wichtige emotionale Verhaltensgröße. Deshalb ist es für Sie von außerordentlicher Bedeutung, gerade zu Beginn eines Gesprächs und dann immer wieder darauf zu achten. Zum einen, um sich auch hieran ein wenig anzugleichen, und zum andern, weil eine negative Stimmung Ihres Gesprächspartners meistens eine andere Vorgehensweise von Ihnen erfordert, als wenn er gerade vor Glücksgefühlen platzt.

Gezielte Fragen sind ein besonders wirkungsvolles Angleichungsinstrument. Denn wer fragt, der zeigt echtes Interesse an und Aufmerksamkeit für andere. Erinnern Sie sich bitte auch immer wieder an das, was wir über unser vielleicht größtes inneres Motiv gesagt haben: unsere tiefe Sehnsucht, beachtet, wertgeschätzt und gemocht zu werden. Darum dreht sich letztendlich alles, dafür leben und danach streben wir! Wer anderen Fragen stellt, der bewirkt nicht nur dies, sondern fördert zusätzlich auch noch gemeinsame Themen und die tolle Möglichkeit, sich genau darüber auf einfachste Art und Weise anzugleichen. Und er fragt oft einfach nach den Hintergründen, die ihn aufrichtig interessieren. Nicht umsonst fragen wir die Menschen, die uns am Herzen liegen, nach einer herzlichen Begrüßung meistens zuallererst: »Wie geht es dir?«, »Wie war dein Tag?« oder »Geht es dir denn gut?«.

FAZIT: Echte und emotionale Gemeinsamkeiten sind Trumpf. Das Angleichen an unsere Gesprächspartner ist ein einfaches, faszinierend mächtiges und vor allem natürliches Mittel, um andere Menschen gezielt und spürbar auf den Punkt von dort abzuholen, wo sie gerade emotional stehen, sensibel auf sie einzugehen und aktiv für wertvolle Gemeinsamkeiten zu sorgen. Denn die verbinden uns miteinander, fördern das gegenseitige Interesse und sind somit die beste Basis für den schnellen Aufbau einer intensiven, tiefen Beziehung.

Doch Vorsicht: Machen Sie andere bitte nicht einfach nach. Gleichen Sie sich vielmehr nur vorsichtig in kleinen Schritten an den anderen an. Und natürlich immer nur so sehr oder so weit, wie Sie es selbst mögen, vor sich verantworten können und wie es zu Ihrer Persönlichkeit passt. Denn auf gar keinen Fall sollten Sie sich dabei verbiegen und Ihre Authentizität und Integrität untergraben.

GEHIRNGERECHT
WIRKT
SCHNELLER

DIE ELF WICHTIGSTEN NEURO-BASICS

Wenn wir andere Menschen im tiefsten Inneren erreichen, emotionalisieren und nachhaltig überzeugen wollen, dann sollten wir die entscheidenden Grundlagen dafür kennen, die dies überhaupt erst ermöglichen. Denn dafür sollten wir unsere Kommunikation so aufbereiten, dass sie möglichst direkt und mit hohem Wirkungsgrad im Gehirn unseres Gesprächspartners ankommt. Dazu gibt es wichtige Spielregeln, die Sie ab sofort beachten können. Denn unser Gehirn ist zwar faszinierend komplex aufgebaut und zu unglaublich viel fähig, jedoch bevorzugt es einfache, klar erkennbare Strukturen. Und es ist hochemotional. Es liebt kurze Sätze und eindeutige Betonungen des Wichtigsten, die die richtigen Gefühle wecken. Insbesondere Bilder, Beispiele und Geschichten, die eine faszinierend tiefe und emotionalisierende Wirkung auf uns haben. Und das sind die elf wichtigsten Neuro-Basics:

1. Keine Emotionen, keine Entscheidung
2. am liebsten einfach und energiearm
3. Menschen kaufen Menschen
4. Menschen lieben Marken
5. die Big Points passieren unbewusst
6. Glaubwürdigkeit ist das A und O
7. die Mimik entscheidet: Freund oder Feind
8. die Macht der Spiegelneuronen/Resonanz

9. das Gehirn liebt Bilder, Beispiele, Geschichten
10. das Gehirn arbeitet im Drei-Sekunden-Takt
11. unsere drei großen Emotionssysteme.

1. Keine Emotion, keine Entscheidung

Unser Gehirn hat eine ganz klare Spielregel: Nur das, was in uns Emotionen auslöst oder bewirkt, ist wichtig und findet Beachtung. Nur das, was für uns wichtig ist, uns berührt, motiviert, erfreut, erregt oder auch verängstigt, zählt. Gefühl schlägt Verstand, darüber sprachen wir ja bereits. Und wir bemerken dies spätestens dann überdeutlich, wenn in uns starke Emotionen und uralte Instinkte wie Angst, Aggression, Kampfbereitschaft oder auch Trauer hochkommen, denn dann haben die Logik und der Verstand überhaupt keine Chance mehr. Das war für unsere Vorfahren absolut überlebenswichtig. Sonst wären sie in Gefahrenmomenten untätig und hilflos gewesen, hätten sich mit dem Durchdenken und Bewerten der Situation beschäftigen müssen, statt ihren drei lebensrettenden Grundinstinkten zu folgen: Angriff, Flucht oder Starre.

Das ist bis heute das Grundprogramm unseres Verhaltens. Emotionen und nicht der Sachverstand steuern unsere wichtigen Entscheidungen. Alles, was wir mit unseren fünf Sinnesorganen wahrnehmen – also was wir sehen, hören, riechen, fühlen und schmecken können –, durchläuft zunächst einmal, überwiegend unbewusst, unsere urältesten, hochemotionalen Hirnareale wie zum Beispiel das limbische System. Dabei wird es emotional vorbewertet, erst später erreicht nur ein Bruchteil der ursprünglichen Information unser Bewusstsein und unsere rational beurteilenden Hirnbereiche wie das Großhirn. Die wahren Entscheidungen sind dann meistens längst getroffen, die (Vor-)Urteile gefällt und passende Emotionen in uns geweckt. Unser Verstand will das Ganze dann oft nur noch richtig einordnen, erklären und möglichst nachvollziehbare Gründe für unser Verhalten suchen, damit wir leichter damit leben können. Doch wirklich ein ernsthaftes Wort mitzureden hat er zumindest bei wichtigen, großen Entscheidungen meistens nicht.

Und was ist mit den so rational auf uns wirkenden Zeitgenossen, denen wir immer wieder begegnen? Ist dies ein Widerspruch zu dem eben Gesagten? Denkt und tickt deren Gehirn völlig anders? Nein, ganz und gar nicht, selbst das scheinbar rational, sachlich und vernünftig denkende und sich verhaltende Gegenüber ist im Grunde emotional. Denn seine Rationalität ist ein System, entspringt seinen tieferen Strukturen und seinem festen Wunsch, alles möglichst planbar und beherrschbar, vorhersehbar und berechenbar zu machen. Aus Angst, Unsicherheit oder reiner Vorsicht. Und das ist hochemotional.

FAZIT: Keine Emotion, keine Entscheidung! Wenn Sie dies beim Aufeinandertreffen und Kommunizieren mit Menschen beherzigen, dann haben Sie meistens leichtes Spiel. Denken Sie daher bitte immer daran: Emotionen sind oft entscheidend. Dies gilt selbst für den scheinbar rein rationalen Menschen. Denn jeder ist emotional berührbar und empfänglich, wenn wir ihn dort abholen, wo er steht, ihn mitreißen und mitten ins Herz treffen.

2. Am liebsten einfach und energiearm

Unser Gehirn sucht einfache, energiearme Zustände, sträubt sich daher oft gegen Neues und ständige Veränderung. Daher entwickeln wir gerne Gewohnheiten, denen wir mit wenig Energie, Aufmerksamkeit und meistens sogar völlig intuitiv und unbewusst nachgehen können. Oft halten wir sogar unreflektiert an ihnen fest, obwohl sie längst nicht mehr gut für uns sind. Häufig wissen wir nicht mehr, warum wir diese Gewohnheit haben, welche Alternativen es gibt und was wir wirklich wollen. Stattdessen sind wir einfach verliebt in das, was wir immer schon getan haben.

Was bedeutet dies alles für Sie und für Ihre Begegnung und Kommunikation mit anderen? Für Sie selbst kann es sehr wichtig und wertvoll sein, Ihre Gewohnheiten immer wieder auf den Prüfstand zu stellen, sie ganz bewusst wahrzunehmen und auf Nützlichkeit zu überprüfen. Ist diese Angewohnheit überhaupt noch die richtige für Sie? Tut sie Ihnen wirklich gut, beziehungsweise hilft sie Ihnen? Oder gehen Sie Ihr vielleicht nur nach, weil Sie es nichts anders kennen und keine guten Alternativen haben? Beachten und verstärken Sie Ihre guten und reduzieren Sie Ihre schlechten Gewohnheiten. Beobachten Sie auch Ihr eigenes Verhalten: Welche guten oder schlechten Angewohnheiten haben Sie beim Kommunizieren in Ihrer Sprache, Körpersprache und Sprechweise? Gibt es Worte, Gesten, Formulierungen und Redewendungen, die Sie aus reiner Gewohnheit (zu) häufig verwenden? Denken Sie daran: Die Dosis macht das Gift!

Achten Sie möglichst präzise darauf, welche Gewohnheiten Sie beim Gegenüber in Bezug auf sein Verhalten, seine Körpersprache, seine Ausdrucks- und Sprechweise erkennen können. Greifen Sie diese auf, und nutzen Sie

sie in Ihrem Sinne. Machen Sie sich auch hier das wirksame Mittel des Angleichens zu Nutze. Wenn Sie zum Beispiel bemerken, dass der andere die Gegenstände auf seinem Schreibtisch genau angeordnet hat, dann legen auch Sie Ihre Unterlagen dort wohlgeordnet ab. Stören Sie auf keinen Fall sein gewohntes Ordnungssystem. Hat er bestimmte Begrifflichkeiten und Gesten, die er immer wieder verwendet, oder sonstige, eindeutig als Angewohnheiten identifizierbare Verhaltensweisen, dann tun Sie es ihm ruhig ab und zu einmal gleich.

FAZIT: Gewohnheiten sind mächtig, sie können sehr positiv oder auch negativ für uns sein. Checken Sie daher hin und wieder das, was Sie gewohnt sind zu tun, und haben Sie den Mut, schlechte Gewohnheiten abzumildern oder abzuschaffen. Sie sollten die Gewohnheiten anderer Menschen genau beachten und klar für sich nutzen. Sorgen Sie am besten dafür, dass sich Menschen von Ihnen beachtet und wertgeschätzt, in Ihrer Gegenwart gut aufgehoben fühlen und mit Ihnen auf jeden Fall ein gutes Gefühl verbinden. Vielleicht werden Sie für diese Menschen dann auch ganz schnell zu einer neuen besten Angewohnheit.

3. Menschen kaufen Menschen

Auch wenn wir denken, dass nur die Sache zählt, dass es um die reinen Inhalte oder Argumente geht – für unser Gehirn ist es nicht so. Denn es ist hochemotional, es liebt, braucht und beachtet daher zuallererst und vor allem die Emotionen, die ihm das Gegenüber bietet, noch lange bevor es sich um seine Worte, Argumente und Inhalte kümmert. zuerst geht es um den Menschen, und der muss zunächst einmal unseren emotionalen Check bestehen. Gelingt ihm dies, ist er für unser Gehirn ein »Freund« und wird er von uns »gekauft«, dann sind wir auch für seine Ideen, Argumente und Wünsche offen. Falls nicht, ist alles andere wertlos.

Wie oft erlebe ich, dass Menschen bei anderen mit der Tür ins Haus fallen, sie gleich zu Beginn mit ihrem Anliegen überrumpeln oder mit ihren vielen Argumenten fast erschlagen und sich dann auch noch wundern, dass der andere nicht offen dafür ist und kaum mit Interesse und Begeisterung reagiert. Wie soll er es auch?

FAZIT: Menschen kaufen Menschen! Der Mensch entscheidet, die zwischenmenschliche Emotion zählt. Erst wenn diese für gut, unkritisch und ungefährlich befunden worden ist, wird die Aufmerksamkeit auf die inhaltlichen Botschaften gelenkt. Setzen Sie daher gleich von Anfang an ohne Wenn und Aber auf Ihre Emotionalität und Ihre authentische Persönlichkeit. Spielen Sie dem anderen auf keinen Fall etwas vor, zeigen Sie sich so, wie Sie wirklich sind. Denn der andere sollte möglichst sofort das wohltuende und beruhigende Gefühl haben, dass Sie ihm wohlgesonnen sind, ihm als Mensch viel zu bieten haben, ihm guttun und es sich für ihn lohnt, Ihnen seine volle Beachtung zu schenken.

4. Menschen lieben Marken

Marken sind hochemotional. Sie sind uns meistens schon aus frühen Kindheitstagen bestens vertraut und somit auch positiv und fest in uns verankert. Denn gerade in dieser wichtigen, uns prägenden Zeit saugt unser Gehirn fast alles auf, ist besonders aufnahmebereit und entwickelt viele Gewohnheiten, die uns oft für den Rest unseres Lebens begleiten oder sogar bestimmen. Marken verbinden einen großen Wiedererkennungswert mit einer klaren emotionalen Botschaft. Und genau damit treffen sie uns mitten ins Herz, sorgen in uns unbewusst für eine unglaublich starke Bindung und für viele angenehme, positive Emotionen wie zum Beispiel Freude, Vertrauen und Erleichterung. Denn sie erleichtern uns so manche (Kauf-)Entscheidung, weil das von uns in die Marke gesetzte Vertrauen uns meistens keine Entscheidung mehr abverlangt. Wir müssen nicht mehr auswählen, uns nicht mehr ständig neu entscheiden. Denn wir wissen ganz genau, was wir wollen, und das ist unsere lang bewährte, heiß begehrte Lieblingsmarke. Unser Gehirn liebt jedenfalls Marken sehr, zum einen, weil diese emotional sind, zum andern, weil sie in uns Gewohnheiten und damit Beständigkeit schaffen. Und das mag das Gehirn, denn es ist energie- und risikoarm.

FAZIT: Aus diesen vielen positiven Gründen kann es für Sie wichtig sein, selbst für andere Menschen zu einer richtig starken, emotionalen Marke zu werden … eben zu einer unverwechselbaren Personenmarke, die andere unwiderstehlich anzieht und fasziniert.

5. Die Big Points passieren unbewusst

Auch wenn wir noch so gerne glauben wollen, dass die entscheidenden Gedanken, Taten und Verhaltensweisen die alleinige Folge unserer intellektuellen Meisterleistungen sind und wir dies alles nur unserem Sachverstand im

Großhirn zu verdanken haben – muss ich Sie jetzt leider enttäuschen, denn so ist es nicht!

70 bis 90 Prozent unserer Entscheidungen erfolgen dem aktuellen Stand der Wissenschaft zufolge unbewusst und somit emotional. Bewusst erfassen wir oft gerade noch das, was andere sagen. Doch Entscheidendes wie Mimik, Blick, Ton, Stimmung und das körpersprachliche Verhalten rauschen an unserer bewussten Wahrnehmung vorbei direkt ins Unterbewusstsein. Nur ca. 0,00004 Prozent der Informationen erreichen laut der Hirnforschung unser Bewusstsein. Der riesengroße Rest wird vom Gehirn unbewusst in Verhalten umgesetzt. Und selbst vermeintlich »bewusste« Entscheidungen im Großhirn wurden zuvor von unbewussten Strukturen im limbischen System emotional stark vorgeprägt und beeinflusst. Dies ist kein Fehler im System, ganz im Gegenteil, es schützt uns. Sonst wären wir bei dieser Informationsflut schnell handlungsunfähig.

FAZIT: Die wahren Big Points spielen sich auf der unbewussten und folglich emotionalen Ebene ab. Umso entscheidender sind daher die Signale, die wir dem Gegenüber durch unsere Mimik, unseren Blick und unsere Körpersprache auf dieser Ebene senden. Ein Grund mehr, stets in allerbester innerer Stimmung, mit Interesse, Begeisterung und Empathie authentisch aufzutreten. Seien Sie darum von Herzen leidenschaftlich und sehr emotional!

6. Glaubwürdigkeit ist das A und O

Wenn Menschen aufeinandertreffen, passieren unglaublich viele faszinierende Dinge gleichzeitig. Wir nehmen uns mit allen unseren Sinnen wahr, sehen, hören, riechen uns und bilden uns vom anderen in kürzester Zeit den oft alles entscheidenden und bleibenden ersten Eindruck. Dies alles geschieht größtenteils unbewusst, nur ein sehr kleiner Anteil dieser wahrgenommenen Informationen erreicht überhaupt unser Bewusstsein.

Nichts interessiert unser Gehirn in diesem Augenblick so sehr wie die Antwort auf die eine, alles entscheidende Frage, ob das Gegenüber auch wirklich glaubwürdig, unverfälscht und echt ist – oder ob es uns nicht doch etwas vorspielt. Wohlgemerkt, das Ganze passiert völlig unbewusst, und dieser berühmte erste Eindruck ist daher auch nicht der Ausdruck unserer Klarheit oder Aufmerksamkeit, sondern ein archaischer, fest vorprogrammierter und in früheren Zeiten überlebenssichernder Glaubwürdigkeitscheck unseres Gehirns. Denn im Gegensatz zu heute ging es bei unseren urzeitlichen Vorfahren tagtäglich um das nackte Überleben. Sie mussten in Sekundenbruchteilen wissen, mit wem sie es zu tun hatten. Waren sie Jäger oder Gejagte? Dieser Instinkt beziehungsweise Reflex ist zutiefst in uns verankert.

Denn diese »Klärung« nehmen wir auch heute noch beim Aufeinandertreffen unbewusst vor. Wir scannen uns gegenseitig, machen uns ein Bild voneinander und entscheiden uns meistens schon für oder gegen den anderen, spätestens jedoch dann, wenn wir den Klang seiner Stimme hören. Und dies lange bevor wir uns wirklich kennen gelernt, in Ruhe miteinander geredet, geschweige denn auch Inhalte ausgetauscht haben.

Dieser Glaubwürdigkeitscheck hat für uns auch ungeheure Konsequenzen. Denn lautet das Ergebnis »Freund«, dann schaltet Ihr Gegenüber alle zwischenmenschlichen Alarmsysteme ab, wird ruhig, entspannt und aufmerksam und sucht, findet und beachtet dann überwiegend das Positive sowohl an Ihnen als Person als auch später an Ihren Worten und Argumenten. Warum? Ganz einfach, weil sein Gehirn Sie als Freund eingestuft hat, Sie als stimmig und glaubwürdig empfindet und Ihnen »vertraut«. In diesem Fall haben Sie die allerbeste Basis für ein gelungenes, erfolgreiches Gespräch geschaffen, in dem Ihnen der Gesprächspartner offen, interessiert und wohlwollend begegnet und sich schnell eine positive emotionale Stimmung und Beziehung aufbauen lässt.

Fällt das Urteil des ersten Eindrucks hingegen negativ aus und sind Sie für das Gehirn des anderen ein »Feind«, dann passiert genau das Gegenteil, und die Chance auf eine echte Begegnung und ein positiv-konstruktives Gespräch ist im Grunde bereits vertan. Dann haben Sie beim anderen schlechte Karten.

FAZIT: Der erste Eindruck zählt! In einem kurzen Augenblick treffen wir bereits die prinzipielle, oft sogar bereits endgültige Entscheidung, ob wir Freund oder Feind vor uns haben und ob wir das Gegenüber mögen oder ablehnen, ihm gegenüber offen oder verschlossen auftreten. Letztendlich also, ob ein positiv-emotionales, erfolgreiches Miteinander überhaupt möglich ist oder nicht.

»Für den ersten Eindruck gibt es keine zweite Chance«: Diese Aussage höre ich immer wieder. Ist das wirklich so? Ich glaube nicht! Zugegeben, unser erster Eindruck ist meistens ausgesprochen nachtragend. Und es kann langwierig und schwierig sein, ihn nachträglich zu korrigieren. Doch es kann durchaus gelingen.

7. Die Mimik entscheidet: Freund oder Feind

»Mimik ist nicht alles – aber ohne die richtige Mimik ist alles nichts.«

Wohl kaum etwas verrät unseren Mitmenschen so viel über uns, zeigt so eindeutig, wie es uns geht, was wir denken und fühlen und welche Absichten wir haben, wenn wir mit ihnen kommunizieren, wie unsere Mimik. Denn im Gegensatz zum gesprochenen Wort haben wir hierauf (zum Glück) so gut wie keinen Einfluss. Selbst ein künstlich aufgesetztes, unehrliches Lächeln, das wir manchmal vielleicht aus der Not heraus aufsetzen, um uns dem anderen nicht sofort zu offenbaren, wird schnell entlarvt, weil es nur im Kieferbereich stattfindet und sich nicht wie das ehrliche Lachen und Lächeln bis zur Augenpartie erstreckt. Darum ist unsere Mimik für andere Menschen einer der entscheidenden Faktoren dafür, wie deren Glaubwürdigkeitscheck in Bezug auf uns ausfällt. Denn ihr Gehirn checkt uns unbewusst sehr genau, prüft uns auf Stimmigkeit, Echtheit, eben Authentizität: Sind wir Freund oder Feind? Sind wir für sie gefährlich oder nicht? Ganz besonders in dem kurzen Augenblick des ersten Eindrucks.

Auch der in diesem Moment parallel dazu stattfindende kurze Blick in unsere Augen bringt dem Gegenüber schnell Klarheit: Sind wir ihm gegenüber wohlgesonnen oder eher feindselig und angriffslustig eingestellt? Sind wir gerade neugierig oder gelangweilt, interessiert oder gleichgültig? Nicht umsonst heißt es, ein Blick in unsere Augen sei auch immer ein tiefer Blick in unsere Seele. Wurden auch Sie von Ihrer Mutter als Kind aufgefordert, ihr in die Augen zu schauen, wenn sie hinter Ihren Worten, Ausreden oder Behauptungen eine Flunkerei vermutete?

FAZIT: Unsere Mimik und unser Blick sind die wichtigsten Juroren in der Glaubwürdigkeitsjury. Beide entscheiden maßgeblich darüber, ob es uns gelingt, Menschen wirklich zu erreichen, abzuholen, sie für etwas zu begeistern und von etwas zu überzeugen. Was also empfehle ich Ihnen, ab sofort zu tun, um diese Jury künftig absolut zu begeistern? Ganz einfach: Machen Sie es sich zum festen Lebensprinzip, stets unverfälscht und authentisch aufzutreten. Lassen Sie einfach Ihre Emotionen sprechen, und hören Sie auf, sich darüber Gedanken zu machen, was andere Menschen von Ihnen erwarten und von Ihrem Auftreten und Ihren Worten halten könnten. Seien Sie aufrichtig, emotional und so, wie Sie wirklich sind. Denn dann sind Sie immer echt, wunderbar anders, spontan sehr überzeugend, und das gefällt Ihrem Gegenüber meistens auch.

8. Die Macht der Spiegelneuronen

Viele Studien der Hirnforschung haben eindeutig gezeigt: Menschen passen sich dem Gegenüber gerne intuitiv und reflexartig in seinem Verhalten an. Wer zum Beispiel von Ihnen angelächelt wird, der lächelt unbewusst und fast automatisch zurück. Doch dies passiert nur dann, wenn Sie von Ihrem Gegenüber halbwegs gemocht werden, es Sie schätzt und Sie für es wichtig sind. So, wie es Ihnen mit guten Freunden und Ihrem Partner ergeht. Es lohnt sich für Sie also, mit Hilfe der bisher besprochenen Mittel und Möglichkeiten aktiv dafür zu sorgen, dass zwischen Ihnen und Ihren Gesprächspartnern die richtige Wellenlänge und eine gute, möglichst emotionale Beziehung entsteht.

Denn dann sind nicht nur Sie derjenige, der sich anderen angleicht, um für ein gutes Miteinander zu sorgen, sondern der andere tut es ebenfalls sehr gerne.

Und die schönste Form des Ganzen ist Ihnen wohlbekannt: die Liebe! Was tun frisch verliebte Menschen nicht alles für den anderen, sind in jeder Sekunde und bedingungslos füreinander da. Sie schauen sich tief in die Augen, berühren und küssen sich, sooft es geht, nutzen eine hochemotionale, leidenschaftliche Sprache, können gar nicht genug voneinander bekommen und genießen jede Sekunde. Dann sind die Spiegelneuronen richtig in ihrem Element.

FAZIT: Nutzen Sie die Macht der Spiegelneuronen! Sorgen Sie dafür, dass andere Sie mögen, wertschätzen und dass Sie für sie wichtig sind. So entsteht auch eine wertvolle, hochemotionale Atmosphäre, die von gegenseitiger Offenheit, Wertschätzung, Beachtung und Aufmerksamkeit getragen wird. Dann ist es nicht nur ein beliebiges Gespräch, sondern für beide Seiten ein außergewöhnlich beeindruckendes, emotional nachhaltiges Erlebnis!

9. Das Gehirn liebt Bilder, Geschichten, Beispiele

Vielleicht fragen Sie sich gerade, mit welcher Form von (non)verbalen Botschaften unser Gehirn besonders gerne versorgt werden möchte. Eins ist sicher: Nichts wirkt so stark, so emotionalisierend und bleibt so dauerhaft beim Gegenüber hängen wie eine Botschaft, die es so richtig elektrisiert und berührt, die für es sehr anschaulich und leicht nachvollziehbar ist. Und dies am besten durch attraktive Bilder, konkrete Beispiele oder eine spannende Story.

Denn wie heißt es doch so schön: Ein Bild sagt oft mehr als tausend Worte. So emotionalisieren unsere Urlaubsfotos andere meistens mehr als unsere gutgemeinten Versuche, das Erlebte zu beschreiben. Denn es endet meistens doch in langatmigen Umschreibungen, wir können die wunderschönen Orte, die wahre Urlaubsatmosphäre und die in uns dadurch ausgelösten Gefühle nur andeuten. Fotos vermögen für unsere Wahrnehmung viel mehr auszudrücken als unsere Worte. Genauso verhält es sich mit Ihrem eigenen vorbildlichen Verhalten: Wenn Sie sich von anderen zum Beispiel ein bestimmtes Verhalten wünschen, dann ist der Lerneffekt am größten, wenn Sie es ihnen vorleben, statt nur darüber zu reden. Ebenso vermag auch eine packende Geschichte mehr an Emotionen und Weisheiten in unser Unterbewusstsein zu transportieren als die theoretische Erläuterung des Sachverhalts. Versetzte Sie als Kind das abendliche Vorlesen Ihrer Eltern nicht erst in ungeheure Spannung mit weitaufgerissenen Augen, dann in einen tranceähnlichen Zustand und schließlich in einen tiefen Schlaf?

FAZIT: Unser Gehirn liebt Bilder, Beispiele und Geschichten. Es merkt sich nur das, was es für wichtig hält. Die wichtigste Spielregel lautet: Es muss ein echtes Erlebnis, eine Erfahrung sein, Inhalt und Emotion verbinden. Letztendlich muss es nur eins: uns tief berühren!

10. Das Gehirn arbeitet im Drei-Sekunden-Takt

Ein weiterer bedeutender Schritt, um unsere Botschaften optimal im Gehirn anderer Menschen platzieren zu können, ist die »Taktrate«, denn unser Gehirn arbeitet tatsächlich in einem Drei-Sekunden-Takt! Und so leuchtet eins der einfachsten Geheimnisse des Verstanden-Werdens auch schnell ein: klare Worte in kurzen, prägnanten Sätzen, damit diese in den Takt passen. Das Ganze bitte möglichst betont ausgesprochen, damit auch die Emotion stimmt! Und zusätzlich kurze Pausen zwischen den Sätzen, da das Gehirn des anderen rund zwei Sekunden hinterherhinkt, das Gehörte erst einmal dechiffrieren, nachvollziehen und anschließend auch noch darauf reagieren muss.

Dann hat es unser Gehirn leicht und fühlt sich wirklich angesprochen. Denn es erkennt die Kernbotschaft, den wahren Sinn, muss sich beides nicht mühsam selbst zusammenreimen. Und es bekommt auch auf der verbalen Ebene genau das, worauf es so steht: viele Emotionen!

FAZIT: Kommunizieren Sie effektiv. Je wichtiger die Botschaft, desto kürzer sollte der Satz sein, beziehungsweise desto weiter vorne im Satzgefüge sollte die Kernbotschaft kommen (ideal: im ersten Drittel), sonst geht sie zu schnell in der Menge der Worte unter. Dies droht Ihnen auch, wenn Sie wichtige Argumente, Zahlen, Daten und Fakten nicht betont genug aussprechen oder dem anderen nicht genug Pausen bieten, um Ihnen folgen zu können. Was Sie sagen, ist wichtig, das »Wie« ist aber entscheidend.

Doch keine Sorge: Mit emotionaler Sprache tun Sie dies intuitiv!

11. Unsere drei großen Emotionssysteme

Wenn Sie andere Menschen besser verstehen, individuell auf sie eingehen und äußerst effektiv und emotionalisierend mit ihnen kommunizieren wollen, sollten Sie die drei großen Emotionssysteme des Gehirns kennen lernen, die unser Verhalten maßgeblich steuern. Denn was uns wirklich antreibt, das sind unsere einzelnen Motiv- und Emotionssysteme, besonders die einfachen Programme unseres Reptilienhirns, also des Stamm-/Mittelhirns, die bis heute ähnliche Strukturen aufweisen wie bei unseren urzeitlichen Vorfahren. So ist das stärkste Emotionssystem nach wie vor unser Angst-Furcht-Sicherheitssystem, das uns vor Gefahr und Bedrohung schützen soll. Hören wir zum Beispiel nachts hinter uns Schritte, quietscht links von uns ein bremsendes Auto oder begegnet uns spätabends in einer dunklen Seitenstraße ein aggressiv wirkender Zeitgenosse, dann müssen wir in der Regel nicht lange überlegen, was zu tun ist, sondern wir reagieren sehr schnell, intuitiv und reflexartig.

Doch dieses Emotionssystem meine ich hier nicht, denn ich gehe davon aus, dass Sie mit anderen Menschen meistens in einer ungezwungenen, angst- und stressfreien Atmosphäre kommunizieren. In diesem Fall sind es eher die drei großen Emotionssysteme, die uns in unserem aktiven und reaktiven Verhalten steuern. Und genau auf die sollten Sie bei Ihrem Gegenüber achten.

Die drei großen Emotionssysteme

1. Balance
2. Dominanz
3. Stimulanz.

Das *Balancesystem* ist für die meisten Menschen die treibende Kraft überhaupt. Wir wollen einfach möglichst viel Ruhe, Sicherheit und Harmonie in unserem Leben und versuchen deshalb, Konflikten und Konfrontationen so gut wie möglich aus dem Weg zu gehen. Ist dieses System bei einem Menschen stark überrepräsentiert, dann hat er oft nur ein einziges Motiv für sein Handeln: jeden Ärger und jede zwischenmenschliche Auseinandersetzung um jeden Preis zu vermeiden. Sie kennen bestimmt solche Zeitgenossen, die sich nicht klar positionieren, keine eigene Meinung haben, nicht »Fisch oder Fleisch« sind und lieber zu allem ja sagen, was andere wollen, selbst wenn es zu ihrem persönlichen Nachteil ist. Zu sehr sehnen sie sich nach Ruhe und Frieden. Aber gerade das macht den Umgang mit diesen scheinbar pflegeleichten Personen keineswegs einfach. Denn man weiß nie so richtig, woran man bei ihnen ist, was sie im tiefsten Innern tatsächlich gerne wollen.

Daher kommt bei den meisten Menschen zum Glück immer auch temporär das *Dominanzsystem* zum Zuge, um dieses ausschließlich auf Konfliktfreiheit programmierte Verhalten zu unterbinden, das uns letztendlich sogar schaden kann. Denn nicht nur Egomanen, Egoisten und Machtmenschen, bei denen das Dominanzzentrum besonders stark ausgeprägt sein kann, sondern auch ausgeglichene und harmonische Charaktere wollen sich und ihre eigene Meinung auch mal durchsetzen, mal der Erste oder Beste sein. Jeder will gerne das besondere Gefühl von Macht genießen. Das ist durchaus in Ordnung, solange die Dosis stimmt und wir es nicht den ständig überdominanten, uns mit ihrem unsozialen Ellenbogen- und Machtverhalten nervenden oben geschilderten Personen gleichtun. Gelegentliche Revierkämpfe hingegen waren und sind wichtig für unser Überleben.

Menschen, bei denen das dritte große Emotionssystem, das *Stimulanzzentrum,* besonders stark ausgeprägt ist, sind meistens leicht zu erkennen. Denn sie sind immer auf dem Weg, suchen und wagen ständig neue Herausforderungen. Ist zum Beispiel das erste Bungee-Jumping geschafft, schon steht der erste Fallschirmsprung an. Sie brauchen permanent neue, unbekannte Reize und Belohnungen, und ihr persönlicher Entdeckerdrang ist unermüdlich und riesengroß. Nichts ist für sie schlimmer als Stillstand und Langeweile, sie wollen anders sein, aus der Masse herausragen, nie Mainstream sein.

FAZIT: Unsere Persönlichkeit ist der individuelle Mix der einzelnen Emotionssysteme, die Komposition aus Dominanz, Stimulanz und Balance mit den jeweiligen Submodulen. Und die Verhaltensgenetik besagt, ca. 50 Prozent unserer Persönlichkeit seien angeboren, die restlichen 50 Prozent Prägung durch unsere Erziehung, Lebenserfahrung, Kultur und unser soziales Umfeld bedingt.

Entscheidend für Ihre gehirngerechte emotionale Kommunikation ist, dass Sie bei Ihren zwischenmenschlichen Begegnungen künftig darauf achten, welches der drei großen Emotionssysteme Ihr Gesprächspartner bevorzugt. Denn genau dort können und sollten Sie ansetzen, dies kann der alles entscheidende Schlüssel sein, um Ihr Gegenüber zu überzeugen. Der Balancetyp will Ruhe und Harmonie, sagt meistens zu allem ja. Der Dominanztyp will sich durchsetzen, ständig der Beste sein, liebt Macht, Status und Exklusivität. Der Stimulanztyp braucht viele Erlebnisse, Reize und Herausforderungen.

Geben oder lassen Sie diesen Menschen, was sie wollen. Es lohnt sich!

DIE PERFORMANCE EMOTIONALER SPRACHE

AUS DER NOT EINE TUGEND MACHEN

Müde, schweißgebadet und doch irgendwie glücklich: So fühlte ich mich nach dem langen ersten Tag meiner neuen beruflichen Aufgabe, mit der ich als junger Ingenieur gleich zu Beginn meines Arbeitslebens betraut wurde. Nicht weil ich bevorzugt wurde oder es jemand besonders gut mit mir meinte, sondern weil es niemand sonst machen wollte. Kein Wunder, ging es doch einzig und allein darum, viele Kunden am Telefon zu vertrösten, die vergeblich auf ihre Ware warteten. Doch die Produktionsstätte dafür stand still.

Ich gebe zu, es war für mich am Anfang alles andere als lustig oder gar motivierend. Denn die Reaktionen der im Stich gelassenen Kunden fielen nicht immer angenehm aus. Außerdem zog sich das Ganze über Monate hin. Und zwar nicht ganz freiwillig, sondern aus purer Notwendigkeit. Daher dauerte es eine ganze Weile, bis ich mich mit der Situation halbwegs anfreunden konnte.

Doch dann kam irgendwann der Moment, in dem ich anfing, mir selbst beim Telefonieren zuzuhören, und mir auffiel, dass die Ergebnisse meiner »telefonischen Seelsorge« von Mal zu Mal besser wurden, ich die zu Beginn des Gesprächs oft sehr verärgerten Kunden schnell beruhigen, in eine viel bessere Stimmung bringen und meistens sogar zu einer freundlichen Verabschiedung motivieren konnte.

In mir reifte langsam die Erkenntnis, dass hier etwas für mich sehr Wichtiges passierte. Dann wurde es mir schlagartig klar, ich war Zeuge einer wundervollen Offenbarung: Ich hatte einen wahren Schatz gehoben und meine größte persönliche Erfolgsreserve entdeckt: emotionale Sprache! Das hat mein ganzes Leben verändert. Bis heute! Denn ohne die unglaublich große Wirkung und die faszinierende Überzeugungskraft emotionaler Sprache hätte ich wohl einige der entscheidendsten Momente meines Lebens nicht gemeistert und kaum zu meinem heutigen Beruf gefunden. Ihnen möchte ich diese lästigen Umwege ersparen und zeigen, was Sie bislang vielleicht verpasst haben. Denn emotionale Sprache ist wirklich einfach. Und wirkt.

Aus diesem Grund und aus meinen vielen wunderbaren Erfahrungen heraus war es mir so wichtig, dieses Buch zu schreiben. Denn ich kann es kaum erwarten, mit Ihnen auf eine spannende, inspirierende Entdeckungsreise zu gehen, Sie mit emotionaler Sprache vertraut zu machen, Ihnen die wichtigsten Spielregeln und all die wunderbaren Möglichkeiten näherzubringen und Ihnen zu zeigen, wie Sie diese faszinierende Sprache am besten nutzen und maximal davon profitieren können. Und zwar mit richtig viel Spaß!

KRAFT DURCH EMOTIONEN

Die faszinierende Ausstrahlung und Wirkung emotionaler Sprache beruht auf vielen mächtigen Zutaten. Emotionale Sprache lebt nicht allein von der Wortwahl, sondern vor allem von einer riesengroßen Portion Kraft, Leidenschaft, Intensität und emotionaler Wirkung. Wir wollen damit mehr als nur reden. Wir wollen andere Menschen begeistern, berühren, sie in unseren Bann ziehen und sie mit unseren Botschaften mitten ins Herz treffen. Um sie emotional abzuholen, mitzureißen und für unsere Anliegen zu öffnen. Somit ist emotionale Sprache das Gegenteil von dem oftmals kraft-, gedanken- und wirkungslosen und gerade im beruflichen Umfeld durch die vielen Anglizismen aufgesetzt wirkenden sprachlichen Einerlei, das wir heute erleben. Und das mehr denn je, im Zeitalter von SMS, WhatsApp und E-Mail. Wir haben Meetings, führen Briefings durch, und wir »committen« uns. Anstelle von Begegnungen, Gedankenaustausch und Festlegungen. Das versteht und emotionalisiert unser Gehirn, Anglizismen tun dies nicht.

Doch überlegen Sie einmal, in welchen Momenten der Ton Ihrer Stimme vor Leidenschaft, Lebendigkeit und Intensität bebt und Sie Menschen mit Ihren Emotionen in den Bann ziehen. Es ist immer dann der Fall, wenn Sie begeistert, verliebt, ärgerlich, wütend – eben hochemotional sind. Dieser Zustand ist die Quelle und die Substanz wirkungsvoller emotionaler Sprache. Erst wenn wir in einem hochemotionalen Zustand sind, können wir diese unglaublich starken Gefühle auch auf andere Menschen übertragen – und sie berühren und verzaubern. Was also können wir tun, um unsere Emotionalität zu steigern und damit die beste Basis für alles Weitere zu schaffen? Ganz einfach, den Schlüssel dazu halten Sie bereits in der Hand: Ihre guten Gefühle.

Gleich verrate ich Ihnen die Spielregeln emotionaler Kommunikation. Sie erfahren, wie Sie ab sofort mit deutlich mehr Souveränität und Begeisterung auf Ihre individuelle Art und Weise emotional wirkungsvoll und überzeugend kommunizieren, um Kunden, Mitarbeiter, Partner und Freunde für sich selbst und Ihre Ziele zu gewinnen. Wie Sie sich dadurch ungeahnte Potentiale und Perspektiven erschließen und sowohl im Beruf als auch im Privatleben mit Leichtigkeit, Souveränität und großer Leidenschaft erfolgreich durchstarten. Das Schönste daran ist: Dies alles erreichen Sie mit viel Spaß und ohne sich dafür verstellen zu müssen.

Lassen Sie sich jetzt einfach von vielen Ideen, Beispielen und meinen persönlichen Erfahrungen inspirieren. Entscheiden Sie selbst, was Sie gerne umsetzen wollen und was nicht. Erlaubt ist, was wirkt und emotionalisiert! So lautet die allerwichtigste und einzige Spielregel. Erleben Sie die Magie emotionaler Sprache. Und entdecken Sie dabei, was wirklich in Ihnen steckt. Viel Spaß dabei!

EMOTION VOR INFORMATION

Kommunikation/Wirkung

1. Emotion (Sie!)
2. Information.

Dieser Zusammenhang ist für unseren Weg zu einer maximalen Performance Ihrer emotionalen Sprache beziehungsweise Sprechweise von derart entscheidender Bedeutung, dass ich ihn hier gerne noch einmal verdeutlichen möchte. Denn es kann nicht oft genug gesagt werden: Jedes einzelne Wort überträgt immer Emotion und Information. Letzteres haben wir meistens sehr gut im Griff, denn darauf sind wir schon sehr lange konditioniert. Doch dass immer auch Emotionen in unseren Aussagen mitschwingen – positive oder negative, interessierte oder gelangweilte, erfreute oder ablehnende, sichere oder unsichere –, vergessen wir leider viel zu oft. Obwohl gerade die Emotion unseren Aussagen erst die richtige Würze, die wahre Bedeutsamkeit und entscheidende Durchschlags- und Überzeugungskraft verleiht und in den meisten Fällen über Erfolg oder Misserfolg entscheidet. Denn unser »Gefühl schlägt im Zweifelsfall den Verstand«.

Fest steht: Unsere Aussagen erzielen erst dann die gewünschte Wirkung, und emotionale Sprache wird erst dann erfolgreich zum Leben erweckt, wenn Sie mit Ihren Worten sehr viel mehr als nur Inhalte vermitteln. Denn das tun alle, doch das reicht nicht, um wirklich Großes und Außergewöhnliches mit Sprache zu bewirken. Beim wirkungsvollen, erfolgreichen Kommunizieren geht es letzten Endes darum, ob beziehungsweise wie gut es Ihnen tatsächlich gelingt, bei anderen Zeitgenossen intensive emotionale Reaktionen auszulösen, sie zu fesseln, mitzureißen, zu berühren und die von Ihnen beabsichtigten Gefühle deutlich spürbar, erlebbar und nachvollziehbar zu vermitteln.

Ihre Emotionen sind das A und O für Ihre Ausstrahlung und Wirkung, für den Erfolg oder Misserfolg. Denn das Gefühl, das Sie auf andere ausstrahlen, die Begeisterung, Leidenschaft, Offenheit und Authentizität, mit denen Sie kommunizieren, entscheiden letztendlich darüber, wie positiv, wertvoll und attraktiv Ihre inhaltlichen Botschaften, Ihre Argumente wahrgenommen werden. Es ist immer dasselbe Procedere: Zuerst müssen Sie den archaischen Glaubwürdigkeitscheck bestehen, den unserer Gehirn beim Aufeinandertreffen mit anderen und besonders mit Unbekannten automatisch durchführt: »Freund« oder »Feind« ist dann das einzig mögliche Ergebnis dieser grundlegend kritischen, harten und bewusst grob gerasterten Überprüfung.

Haben Sie diesen Check erst einmal erfolgreich bestanden, sind Sie für andere glaubwürdig und somit echt und ungefährlich, dann »vertraut« man Ihnen, fühlt sich von Ihnen, Ihrer emotionalen Performance angesprochen und ist erst wirklich offen, aufmerksam und begeisterungsfähig. Dann werden auch Ihre Inhalte und Argumente automatisch viel eher als positiv, interessant, wichtig und vertrauenswürdig empfunden. Überzeugen Sie hingegen schon als Mensch, als Persönlichkeit nicht, halten Sie der Überprüfung Ihrer Authentizität sogar nur in einem Punkt nicht stand, dann wird all das, was Sie sagen und wollen, automatisch aus einem eher negativen Blickwinkel kritisch beäugt und schnell in Frage gestellt. Menschen »kaufen« meistens zunächst den Menschen, der vor ihnen steht. Erst danach lassen sie sich auf das ein, was er zu sagen hat.

Das kennen Sie nur zu gut. Denken Sie jetzt an einen für Sie unangenehmen Zeitgenossen, den Sie einfach nicht riechen können: Wie geht es Ihnen dabei, welche Gefühle haben Sie? Sind Sie noch offen für ihn, würden Sie ihm und seinen Argumenten glauben und vertrauen? Hat er überhaupt noch eine faire Chance bei Ihnen? Lenken Sie jetzt Ihre Gedanken auf einen Menschen, den Sie sehr gernhaben, wertschätzen oder sogar lieben. Wie verhält es sich hier? Wie sind Ihre Gefühle, Ihre Offenheit und Ihr Vertrauen ihm gegenüber und Ihr Glaube an ihn? Bemerken Sie den riesengroßen Unterschied? Wer bei uns emotional unten durch ist, der hat sowohl als Mensch als auch mit seinen Argumenten meistens keine Chance mehr. Wenn wir aber jemanden mögen, verehren oder sogar lieben, dem glauben und vertrauen wir zutiefst. Er genießt bei uns einen riesengroßen emotionalen Vertrauensvorschuss und kann sich fast alles erlauben.

FAZIT: Vertraut man Ihnen, begeistern Sie als Person, dann überträgt sich dies automatisch auf Ihre inhaltlichen Botschaften. Fragen Sie sich: Welche Emotionen will ich bei anderen bewirken? Was ist mein wahres Ziel? Bin ich selbst begeistert, überzeugt und leidenschaftlich genug? Erst mit dieser inneren Klarheit, Motivation und Zielsetzung betonen Sie die echten Kernbotschaften, reden, wirken und verhalten sich authentisch und emotional mitreißend und überzeugend.

DIE ZWÖLF GEBOTE EMOTIONALER SPRACHE

Jetzt kommen wir zu den wichtigsten Grundlagen und entscheidenden Spielregeln, die Ihnen die nachhaltig erfolgreiche Nutzung Ihrer emotionalen Sprache überhaupt ermöglichen. Denn diese Sprache ist genauso individuell wie Sie! Sie nutzt Ihre ganz persönlichen Ressourcen, Ihre individuellen Eigenheiten, Stärken und Fähigkeiten. Das ist ja gerade das Besondere. Deshalb klingt Ihre emotionale Sprache und Sprechweise wahrscheinlich auch anders als meine.

Das Wichtigste gleich zu Beginn: Emotionale Sprache hat nichts mit Gesprächstechniken zu tun. Es geht vielmehr um eine ganz bestimmte innere Einstellung und verantwortungsvolle persönliche Haltung, die für ein Höchstmaß an Emotionalität, Intensität, Qualität und Bedeutsamkeit in zwischenmenschlichen Begegnungen sorgt: einfühlsame, zielgerichtete, kraft- und wirkungsvolle Gespräche, die uns und dem Gegenüber einfach richtig guttun, auf beiden Seiten für Klarheit, gegenseitiges Verständnis und für die richtigen Emotionen sorgen und dadurch begeistern, berühren und verführen können. Verbindlichkeit und Klarheit sind dabei das A und O: Was will ich dem anderen wirklich sagen? Was sollen meine Worte bewirken? Welche emotionale Botschaft soll beim Gegenüber ankommen?

Darum dreht sich alles. Daher bitte ich Sie, sich jetzt

ausführlich mit diesen Spielregeln zu beschäftigen und diese zu verinnerlichen. Glauben Sie mir, es ist sehr gut investierte Zeit und lohnt sich. Denn Sie machen es sich dadurch beim späteren Erlernen der wertvollen Zutaten emotionaler Sprache und vor allem bei der künftigen praktischen Anwendung sehr viel leichter. Emotionale Sprache will verinnerlicht, gelebt und zelebriert werden. Nur dann entfaltet sie ihre besondere Ausstrahlung und Wirkung auf andere Menschen.

Die ersten Gebote werden wir etwas ausführlicher besprechen, bei den weiteren können wir uns kurzfassen, denn die folgen direkt daraus.

Und hier sind die zwölf Gebote emotionaler Sprache:

1. Keine Technik, sondern eine innere Haltung
2. Positives Selbst-, Welt- und Menschenbild
3. Gute Gefühle haben und geben
4. Lust und Neugier auf andere Menschen
5. Authentisch sein, sich positionieren
6. Ehrliches, spürbares Interesse
7. Aufmerksamkeit und Achtsamkeit
8. Respekt und Toleranz
9. Persönliche Begeisterung vorleben
10. Überzeugen statt überreden
11. Zielgerichtetheit und Verbindlichkeit
12. Win-win-Situation für beide.

1. Keine Technik, sondern eine innere Haltung

Fragetechnik, Gesprächstechnik, Abschlusstechnik ... haben Sie davon auch längst genug? Prima, denn darum geht es bei emotionaler Sprache überhaupt nicht! Diese Form der Kommunikation hat nichts mit irgendwelchen Techniken zu tun, die Sie auswendig lernen und später nur stereotyp anwenden müssen. Ganz im Gegenteil: Erfolgreiche emotionale Sprache, für die ich Sie gerne begeistern und gewinnen will, beruht auf Ehrlichkeit, Natürlichkeit und Authentizität – auf Ihrer neuen Lust, Neugier und Offenheit, Ihren Mitmenschen künftig völlig anders zu begegnen.

Damit meine ich, sich wirklich aus tiefstem Herzen für jeden einzelnen Gesprächspartner zu interessieren, sich voll und ganz auf ihn einzulassen, einfühlsam auf ihn ein- und mit ihm umzugehen, in seine ganz persönliche Welt einzutauchen, ihn dadurch wirklich kennen zu lernen und von dort abzuholen, wo er mit seinen Gedanken und seinen Gefühlen gerade ist. Und ihn gleichzeitig, durch die gelungene Kombination aus guten Gefühlen und Verbindlichkeit, zu emotionalisieren und für Ihre Wünsche, Vorhaben und Ziele zu begeistern und zu gewinnen.

Dies ist als reine Technik nicht möglich. Denn dieses Sich-Verstellen wäre für Sie selbst auf Dauer sehr anstrengend und würde vom Gegenüber, ob bewusst oder unbewusst, schnell als Lüge oder Schauspielerei entlarvt und mit den notwendigen Gegenmitteln wie Desinteresse, Abwehrhaltung und Widerstand quittiert. Abgesehen davon würde es beiden Seiten weder echte Freude noch Genugtuung verschaffen.

Tun wir es daher doch lieber aus echter Lust, Liebe und Leidenschaft!

2. Positives Selbst-, Welt- und Menschenbild

Unabdingbar und essentiell wichtig für die innere Haltung zu Ihrer emotionalen Sprache ist ein positives Selbst-, Welt- und Menschenbild. Wie wollen Sie Lust auf immer neue Gespräche mit Menschen haben und anderen zum Beispiel Ihre ehrliche Wertschätzung schenken, wenn Sie diese nicht einmal für sich selbst aufbringen? Wie können Sie Menschen Ihr ehrliches Interesse, Ihre volle Aufmerksamkeit und Offenheit zeigen, wenn Ihr Menschen- und Weltbild eher negativ und düster ausfällt, von Skepsis, Vorsicht und pessimistischen Annahmen geprägt ist?

Wie wollen Sie Menschen gegenüber emotional auftreten, ihnen ein richtig gutes Gefühl vermitteln, wenn Sie selbst dieses durch ein negatives Selbst-, Menschen- oder Weltbild gar nicht haben? Die Antwort lautet: Das ist schlichtweg unmöglich!

Emotionale Sprache braucht ein möglichst positives und optimistisches Bild von uns selbst, unseren Mitmenschen und der Welt um uns herum. Erst dann haben wir überhaupt die Ressourcen dafür und sind in der Lage, voller Mut, Offenheit und Ehrlichkeit etwas zu wagen, Menschen nahezukommen oder sie uns selbst näherkommen zu lassen. Erst das gibt uns die unglaublich wertvolle Chance, mit anderen, frei von Ängsten und Zweifeln tiefgründig, emotional und verbindlich zu kommunizieren und sie mit unserer Begeisterung und Leidenschaft anzustecken und für unsere Überzeugungen und Zielsetzungen zu gewinnen.

3. Gute Gefühle haben und geben

Emotionale Sprache braucht vor allem starke, positive Gefühle. Sie lebt geradezu davon, dass jederzeit eine ordentliche Portion Emotionalität im Spiel ist. Ist dies nicht der Fall, dann ist ihr die allerwichtigste Grundlage überhaupt entzogen, und sie kann auch nicht ihre phantastische Wirkung entfalten.

Doch gleich zu Beginn des Gesprächs und jeder zwischenmenschlichen Begegnung braucht es dafür sofort einen Verursacher, einen echten Gefühlsmanager, der die guten Gefühle ins Spiel bringt: am besten Sie! Später wird in zunehmendem Maße auf beiden Seiten, auch bei Ihrem Gegenüber, das Herz höherschlagen.

Sie wissen ja: Gefühle übertragen sich zwischen Menschen. Und wenn Sie die Macht emotionaler Sprache wirklich nutzen wollen, müssen am besten Sie selbst für das Wichtigste sorgen: genügend Emotionen!

Was also sollten wir tun, damit diese entscheidenden Voraussetzungen erfüllt werden? Ganz einfach: Machen Sie es sich zur Gewohnheit, sich vor Ihren Gesprächen in eine gute Stimmung zu bringen. Und wie das ganz einfach geht, erfahren Sie in einem späteren Kapitel.

4. Lust und Neugier auf andere Menschen

An welche Menschen erinnern Sie spontan diese beiden hochemotionalen Begriffe? Richtig, an Kinder! Denn die verfügen zum Glück noch über ein Höchstmaß davon. Sie versprühen eine unglaubliche Lust und Neugier auf alles, was ihnen begegnet. Und platzen oft geradezu vor Neugier, wenn es etwas zu tun oder zu erleben gibt, und fragen einem die berühmten Löcher in den Bauch. Nicht umsonst spricht man von kindlicher Neugier.

Wie sieht es bei Ihnen aus? Wie viel Lust haben Sie auf das, was Sie privat und beruflich tun? Wie neugierig sind Sie wirklich darauf, andere Menschen kennen zu lernen, ihre geheimen Wünsche, Gedanken, Ziele und Besonderheiten zu entdecken und in ihre Welt einzutauchen?

Bei den meisten Menschen nehmen die Lust und Neugier im Verlauf des Lebens stetig ab. Kein Wunder, denn unser Gehirn liebt energiearme Zustände, also am besten viel Bekanntes und Gewohntes. Da passen Lust und Neugier nicht mehr gut dazu, wenn wir das kindliche Entdeckeralter hinter uns gelassen haben. Wir haben ja auch schon so viel erlebt und meinen daher oft, alles zu kennen und zu wissen. Ein Leben in der Komfortzone – und ein wahrlich törichter Fehler, der uns schnell vom ständigen Fluss des wahren Lebens abwendet und unsere persönliche Weiterentwicklung blockiert.

Fragen Sie sich doch bitte selbst einmal, was Sie in Ihrem aktuellen Leben wirklich glücklich macht, was Ihnen ein Gefühl von persönlicher Freude, Zufriedenheit und Genugtuung gibt. Es geht dabei nur um Ihre Sichtweise. Nicht um das, was Freunde oder Partner dazu sagen oder Ihnen raten! Und dann habe ich noch eine besonders spannende Aufgabe für Sie: Fragen Sie doch einen Freund oder Ihren Partner einmal etwas, was Sie ihn noch nie gefragt haben. Was wüssten Sie gerne?

Übrigens: Frisch verliebte Menschen muss man darum nicht bitten. Die haben Schmetterlinge im Bauch, könnten die ganze Welt vor lauter Glück umarmen, fragen die/den Liebste(n) Löcher in den Bauch.

5. Authentisch sein, sich positionieren

Neben Glück geisterte die letzten Jahre wohl kaum ein anderer Begriff so oft durch die Printmedien und die Lifestyle-Magazine im Fernsehen wie das Schlagwort Authentizität. Darum war die Gefahr groß, dass es schnell wieder abgegriffen sein und verschwinden würde. Zum Glück ist dies nicht passiert, denn es geht hier um einen der wichtigsten Schlüssel für jede gelungene, erfolgreiche Kommunikation. Auch unsere emotionale Sprache kommt nicht ohne ein Höchstmaß an vorgelebter Authentizität aus.

Natürlich verlangt es einem ein gewisses Maß an Mut ab, wirklich »echt« zu sein, wahre Emotionen zu leben und die eigene Persönlichkeit mit allen Ecken und Kanten zu präsentieren. Damit macht man sich nicht immer nur Freunde, denn es bedeutet, sich im selben Atemzug klipp und klar zu positionieren und zu polarisieren. Man zeigt, wer man ist, wozu man steht und wofür man lebt, bietet durch Offenheit und Ehrlichkeit einfach mehr Angriffsfläche. Von einigen Zeitgenossen wird man deshalb abgelehnt und angefeindet, von vielen Menschen jedoch genau dafür innig geliebt. Prominente Beispiele aus der Öffentlichkeit beweisen es: Sie werden nicht von allen, jedoch von der breiten Masse verehrt. Und dies nicht trotz, sondern wegen ihrer offen ausgelebten Eigenheiten, ihrer Ecken und Kanten: wegen ihrer Authentizität.

Also, nur Mut, es lohnt sich! Nicht nur, weil Sie mit Ihrem authentischen Auftreten und Verhalten die beste Grundlage für Ihre emotionale Sprache schaffen, sondern weil Sie damit gleichzeitig den besten Grundstein für ein aufrichtiges, selbstbestimmtes und erfülltes Leben legen. Und das ist es doch, worauf es wirklich ankommt!

6. Ehrliches, spürbares Interesse

Halbzeit! Je mehr Sie die bisherigen Gebote beachten, desto leichter wird Ihnen auch dieser entscheidende Schritt fallen. Ehrliches, aufrichtig gemeintes Interesse für andere aufzubringen und ihnen auch spürbar zu zeigen, ist einer der besten Schlüssel, um Menschen zu öffnen und mit ihnen in ein gelungenes, intensives und vertrauensvolles Gespräch zu kommen. Denn dieses, heutzutage leider sehr selten gewordene, zutiefst empathische Verhalten spricht im Gegenüber das allerwichtigste Grundmotiv an, das wir alle teilen: unsere tiefe Sehnsucht nach Anerkennung, Aufmerksamkeit und Liebe. Nichts treibt uns so um, für nichts leben und nach nichts streben wir so sehr, wie von anderen beachtet, gemocht und, im besten Fall, geliebt zu werden.

Das bedeutet für Sie: Zeigen Sie Ihrem Gegenüber, dass Sie sich wirklich für es interessieren. Machen Sie durch ihr präsentes Verhalten und Ihren Blickkontakt Ihr aufrichtiges Interesse für es sichtbar. Machen Sie es durch Ihre interessierten Fragen hörbar und durch Ihre von positiver Spannung und Neugier geprägte Emotionalität positiv spürbar und erlebbar. Dann haben Sie viel erreicht, denn Sie geben dem anderen damit automatisch die Wertschätzung, die er sich wünscht.

Echtes Interesse an und für andere Menschen ist selten geworden. Scheinbar sind wir viel zu sehr mit uns selbst beschäftigt. Haben Sie daher den Mut, anders zu sein als die breite Masse. Schenken Sie den Menschen in Ihrer Umgebung ab sofort wieder Ihr ehrliches Interesse. Und lassen Sie sich positiv überraschen, was Ihnen dies nicht nur für die Qualität Ihrer emotionalen Sprache bringen wird.

7. Aufmerksamkeit und Achtsamkeit

Sind Sie bereit, die nächsten bedeutenden Schritte zu gehen? Wir kommen jetzt zu zwei ganz besonders wertvollen Bewusstseinszuständen, die deutlich offenbaren, wie sehr Sie bereits die richtige innere Haltung für Ihre künftige emotionale Sprache haben: Aufmerksamkeit und Achtsamkeit. Gerade Achtsamkeit steht zurzeit im Fokus des allgemeinen Interesses.

Aufmerksamkeit und Achtsamkeit sind zwei außergewöhnlich wertvolle Aspekte Ihrer emotionalen Sprache. Beide erschließen Ihnen ganz neue, ungeahnte Sphären und eine unglaubliche Tiefe beziehungsweise Intensität Ihrer Kommunikation. Die aus Ihrem ehrlichen Interesse für und Ihrer vollen Konzentration auf andere resultierende Aufmerksamkeit lenkt Ihre volle Beachtung auf das Verhalten Ihres Gegenübers, auf das, was dieses im Gespräch sagt, tut oder nicht tut. Das ist bereits sehr wichtig und dürfte Ihnen auch leichtfallen, wenn Sie das letzte Gebot, nämlich ehrliches Interesse für den Gesprächspartner, bereits umsetzen. Achtsamkeit geht noch einen Schritt weiter und setzt mehr voraus. Es ist ein tieferer, mental gesteuerter Bewusstseinszustand mit einer anderen Zielsetzung und Intensität Ihrer Wahrnehmung und Aufmerksamkeit. Hier geht es um die gezielte, absichtsvolle und ausschließlich den Moment würdigende, überhaupt nicht wertende und die ganze Fülle der Wahrnehmung aufgreifende ganzheitliche Aufmerksamkeit, die durch Neugier, Offenheit und Akzeptanz gekennzeichnet ist.

8. Respekt und Toleranz

Nicht viele zeigen echten Respekt und wahre Toleranz für andere Menschen, deren Ansichten, Verhalten und deren Weltbild. Das hat einen guten Grund: Hier geht es um unsere Persönlichkeit, letztendlich um den wichtigen Schutz unserer eigenen Haltungen, Werte und Ziele. Weil unser Gehirn nun einmal gerne vergleichend denkt, das eigene Tun und die eigenen Ansichten als Maßstab ansetzt und andere Menschen, die nicht dasselbe denken, tun oder auch als unwichtig angesehen werden, kritisch betrachtet und schnell als gefährliche Bedrohung einstuft. Doch das macht es uns nicht immer leicht, unsere Mitmenschen ohne Vorbehalte zu respektieren. Und dafür die Toleranz aufzubringen, dass sie auf Grund ihrer persönlichen Erfahrungen, Prägungen und Möglichkeiten einfach anders sind, dass sie über andere Werte, Ansichten und Glaubenssätze, ein möglicherweise anderes Weltbild verfügen. Wir fühlen uns dadurch schnell persönlich angegriffen. Und das ist wirklich schade.

Doch das muss nicht sein, wenn wir uns immer wieder klarmachen, wie schnell auch wir in diese falsche Haltung hineinrutschen können. Je mehr Sie die vorherigen Gebote beherzigen, je mehr Interesse, Offenheit, echte Aufmerksamkeit und Achtsamkeit Sie gegenüber anderen aufbringen, desto leichter fällt es Ihnen, Ihren Mitmenschen den Respekt und die Toleranz zu erweisen, die sie verdienen.

9. Persönliche Begeisterung vorleben

Jetzt wird es thematisch wieder etwas leichter: Reden wir über Ihre Begeisterung! Nichts wurde und wird so sehr strapaziert wie der Begriff der persönlichen Begeisterung. Und doch ist Begeisterung gerade auch für den Erfolg emotionaler Sprache fast unabdingbar.

»Du musst selbst brennen, wenn du andere entzünden willst!« Solche und ähnliche Sprüche haben Sie sicher schon oft gehört. Und da ist eine ganze Menge Wahrheit dran. Denn nichts überträgt sich auf andere so sehr wie Ihre Emotionalität, Ihre persönliche Begeisterung, und bringt sie in denselben wertvollen mentalen Zustand, den Sie ihnen selbst vorleben. Sie wecken und aktivieren damit in ihnen Emotionen, die sie offen, aufmerksam, interessiert und neugierig machen und dadurch ein richtig gutes, positives Miteinander im Gespräch überhaupt erst ermöglichen. Genau das, was wir wollen!

Es gibt wohl kaum eine bessere Grundlage für den Erfolg und die Wirkung emotionaler Sprache als Ihre positive Emotionalität und persönliche Begeisterung!

Bringen Sie sich selbst daher immer wieder in eine positive Stimmung, und verschaffen Sie sich eine ordentliche Portion an guten Gefühlen, dann wird Ihnen dies auch bei anderen Menschen gelingen. Entzünden Sie immer zuerst in sich selbst ein Feuerwerk an Begeisterung für das, was Sie sagen, tun oder wovon Sie andere überzeugen oder worum Sie sie bitten wollen. Erst danach haben Sie eine echte Chance, dass Ihr Gesprächspartner sich von Ihnen anstecken lässt, Ihre Begeisterung teilt und ebenfalls für Ihr Vorhaben brennt.

10. Überzeugen statt überreden

Ist der Funke der Begeisterung übergesprungen, dann haben Sie beim Gegenüber eine der größten Hürden genommen, und auch die Umsetzung des nächsten Gebots gelingt Ihnen mit Leichtigkeit. Denn Ihre sichtbar riesengroße persönliche Begeisterung sorgt für eine so hohe Qualität und Intensität an authentischer Überzeugungskraft, die für sich selbst spricht und meistens schon allein ausreicht, um den Gesprächspartner für sich selbst und Ihre Vorhaben zu gewinnen.

Wenn Sie ihn emotional geöffnet und erreicht haben, dann wird es Ihnen meist im Handumdrehen gelingen, ihn inhaltlich von Ihren Gedanken, Vorhaben und Zielsetzungen zu überzeugen. Doch Vorsicht, absolut entscheidend dabei ist diese Reihenfolge: Zuerst kommt die Emotion, dann der Inhalt! Denn die vorhandenen Emotionen im anderen entscheiden maßgeblich darüber, wie positiv oder negativ er Ihre Inhalte wahrnimmt, auffasst und ob er sie für sich selbst als spannend, wichtig oder unwichtig bewertet.

Zu Beginn eines Gesprächs benötigen Sie daher zunächst immer erst eine Wellenlänge, einen richtig guten, positiven emotionalen Draht zu Ihrem Gegenüber, also eine gemeinsame Ebene mit ihm, bevor es Ihnen sein echtes Interesse, seine volle Aufmerksamkeit und Aufgeschlossenheit für Ihre Ziele schenkt. Dann allerdings haben Sie für die idealen Voraussetzungen gesorgt, damit Ihr Gespräch fabelhaft gut verläuft und für beide ein voller Erfolg wird.

Denken Sie bitte immer daran: Überreden muss nur derjenige, dem es nicht gelingt, Menschen wirklich zu begeistern und zu überzeugen!

11. Zielgerichtetheit und Verbindlichkeit

Aufgepasst, denn jetzt kommen wir zu einer echten Königsdisziplin! Eine innere Einstellung, ein persönliches Verhalten, das Menschen oft alles andere als leichtfällt und sie an ihre persönlichen Grenzen bringt: Doch glasklare Ziele und ein Höchstmaß an Verbindlichkeit sind bekanntermaßen das A und O jeder gelungenen Kommunikation. So auch und ganz besonders für emotionale Sprache! Denn die ist kein Kuschelkurs, sondern geradezu geprägt von diesen beiden wertvollen, wohl mit am meisten erfolgsentscheidenden Ingredienzien. Und doch erlebe ich häufig, dass gerade die Festlegung klarer (Gesprächs-)Ziele und ein verbindliches Auftreten und Verhalten anderen gegenüber für viele große Hürden und Herausforderungen darstellen. Wahrscheinlich weil wir nicht mehr um den heißen Brei herumreden können, wir uns klipp und klar äußern und uns damit natürlich auch positionieren. Genau das scheint der Natur vieler Menschen zu widersprechen: präzise und eindeutig zu sein, sich wirklich festzulegen!

Wie sind Sie zielgerichtet und verbindlich? Und was haben Sie davon? Eine Zielfokussierung oder -orientierung setzt sehr viel Klarheit in Ihren Gedanken, Absichten und den daraus resultierenden Gesprächszielen voraus: Was wollen Sie im Gespräch erreichen? Welches Ziel umsetzen? Verbindlichkeit ist dann die im Gespräch gegenüber anderen gelebte, nur einer souveränen Persönlichkeit entspringende innere Haltung und der Mut, Dinge auf den Punkt zu bringen, Positives wie Negatives deutlich an- oder auszusprechen und die eigenen Positionen, Meinungen und Ziele eindeutig zu machen.

Das Ergebnis ist immer wieder faszinierend: Denn Sie erleben dadurch kürzere, erfolgreichere Gespräche mit konkretem, positivem Ausgang. Und Sie ernten für Ihr klares Verhalten garantiert viel Bewunderung!

12. Win-win-Situation für beide

Haben Sie es bemerkt? Vor Kurzem sprach ich darüber, dass ein phantastisches Gespräch für beide Seiten ein voller Erfolg sein sollte. Emotionale Sprache tut immer beiden Parteien gut, im Abschluss, im Ergebnis. Denn wenn Sie die Prinzipien dieser Sprache anwenden und auch die richtige innere Haltung dazu haben, werden Sie, bei aller Verbindlichkeit und Zielorientiertheit, stets auch das Wohl des anderen im Auge behalten. Sonst ist kein wirklich nachhaltiger zwischenmenschlicher Erfolg möglich.

Wie auch sollte dies funktionieren, wenn der Abschluss und das Ergebnis Ihrer Gespräche nur für Sie und Ihre Ziele dienlich wären? Der andere würde doch sehr schnell bemerken, dass Sie aus rein egoistischen Motiven gehandelt, nicht auf sein Wohlergehen, seine Wünsche und Vorstellungen geachtet und ihn damit klar übervorteilt haben. Und er würde sich sicher dagegen wehren und Sie dies bei der nächsten Gelegenheit spüren lassen.

Nein, emotionale Sprache verfolgt ganz klar ein anderes Ziel, nämlich eine Win-win-Situation für beide Seiten. Wie sollte es auch anders sein, lebt diese Sprache doch ganz besonders von authentischen Emotionen beider Seiten, von ehrlichem Interesse an- und viel Aufmerksamkeit füreinander, von Einfühlungsvermögen, Respekt und Toleranz. Mit diesen Werten wären ein rein egoistisches Verhalten Ihrerseits und die Übervorteilung des Gesprächspartners wohl kaum in Einklang zu bringen, wären zutiefst unaufrichtig und unglaubwürdig. Doch Sie dürfen natürlich die individuellen Grenzen des anderen ausloten und das Optimum für sich herausholen – solange es beiden Seiten dabei gutgeht und jeder vom Gespräch profitiert.

EMOTIONALE SPRACHE ALS ERFOLGSINSTRUMENT

Kennen Sie das Gefühl, dass schon ein einziges Wort Sie mitten ins Herz treffen, verletzen, erfreuen, begeistern und im tiefsten Inneren so unglaublich emotional berühren kann? Die faszinierenden Gefühle, die Erinnerungen, bestimmte Bilder und Assoziationen, die oft eine Geste, ein kurzer Blick oder die Mimik anderer Menschen in Ihnen auslösen können? Und dies alles in Sekundenbruchteilen, ohne jegliche Vorwarnung. Doch es ist nicht die (Körper-) Sprache allein, die dies in Ihnen bewirkt – es sind die Emotionen, die mitschwingen.

Denn Sprache ist viel mehr als nur die bloße Aneinanderreihung von Worten. Sprache ist Emotion, ist unser ursprünglichstes, wirkungsvollstes Ausdrucksmittel und unsere allergrößte Erfolgsreserve: Denn nichts bestimmt unseren Alltag, unser berufliches wie privates Leben so sehr wie die Kommunikation mit anderen. Von kaum etwas hängt der von uns allen angestrebte Erfolg im Leben so ab wie von der Wirkung, die wir auf Menschen erzeugen, von der Überzeugungs- oder Durchschlagskraft, mit der wir unsere Botschaften, unsere Ideen, Wünsche und Ziele kommunizieren. Und von der Fähigkeit, Bereitschaft, Neugier und Aufmerksamkeit, Menschen genau wahrzunehmen, in deren individuelle Welt einzutauchen und ihre offensichtlichen, insbesondere jedoch ihre geheimen

Botschaften zwischen den Zeilen zu entschlüsseln, zu verstehen und darauf einzugehen. Durch unser Einfühlungsvermögen, unsere empathische Kompetenz.

Entscheidend ist, dass wir die ungeheure Bedeutung emotionaler Sprache erkennen und sie als das würdigen, wertschätzen und nutzen, was sie ist: das Geheimnis unseres persönlichen Wirkungsgrades, die Quelle unserer emotionalen Performance. Und damit eben auch unsere größte stille Erfolgsreserve. Denn emotionale Sprache ist der wahre Schlüssel zum Herzen anderer Menschen, die beste Basis für ein einfühlsames, erfolgreiches, positives Miteinander auf Augenhöhe. Sie ist die wirkungsvollste Software und die geheime Wunderwaffe zur Realisierung unserer Gedanken, Träume und Ziele.

Dabei geht es um viel mehr als nur um Worte! Es geht um emotionale Sprache – und dies in genau der Reihenfolge des Satzgefüges. Denn Emotionen sind es, die uns Menschen wirklich ausmachen, die uns nahegehen und bewegen und zum Handeln bringen. Emotion schlägt den Verstand, darüber haben wir bereits ausführlich gesprochen. Unsere Sprache ist das hochwirksame, treffsichere Transportmittel, wenn wir sie bewusst und effektiv nutzen und damit all die wertvollen, Menschen tief im Inneren berührenden, verzaubernden Emotionen rüberbringen, die wir mit und ohne Worte ausdrücken können und die unsere persönliche Glaubwürdigkeit und Ausstrahlung, unsere gesamte Wirkung und Überzeugungskraft ausmachen und überhaupt erst ermöglichen.

Die Frage ist: Wie reden Sie? Welche Emotionen strahlen Sie dabei aus? Wie überzeugend kommunizieren Sie Ihre Botschaften? Und, das Allerwichtigste: Wie wirken Sie auf andere? Das sollten Sie wissen. Denn erst dann sind Sie in der Lage, das volle Potential emotionaler Sprache zu nutzen. Was ist Ihre größte kommunikative Stärke? Ist es Ihre (Körper-)Sprache? Treffen Sie den richtigen, emotionalen Ton? Wie gut sind Sie im präzisen Wahrnehmen, Zu- und Hinhören, um die geheimen Botschaften und Signale anderer zu entschlüsseln?

Entdecken Sie es einfach selbst. Machen Sie einen Streifzug durch das spannende Reich emotionaler Sprache, und finden Sie heraus, was Ihr wichtigstes Thema ist. Und denken Sie bitte daran: Die Emotion zählt!

DER ERFOLGSKREISLAUF: EINFACH ÜBERZEUGEN MIT SYSTEM

Zwischenmenschliche Überzeugung ist kein Zufall! Denn sie folgt einem fest vorgegebenen System aus psychologisch notwendigen, hochwirksamen Schritten beziehungsweise persönlichen Verhaltensweisen. Äußerst wertvolle Gesetzmäßigkeiten, die ich Ihnen aus allerbester persönlicher Erfahrung wirklich dringend ans Herz lege. Denn je mehr Sie diese Schritte verinnerlichen und zu Ihrer neuen, besten Verhaltensgewohnheit machen, desto stärker wirkt und desto schneller überzeugt auch Ihre emotionale Sprache. Auch nur einen einzigen Schritt zu missachten oder auszulassen, um Zeit zu sparen und eine scheinbare Abkürzung zu nehmen, wäre fahrlässig und töricht. Denn letztendlich spart es Ihnen nicht, sondern es kostet Sie sogar viel mehr Zeit! Und sehr schnell auch den Erfolg. Weil ein Schritt auf dem nächsten aufbaut, der nächste Step überhaupt erst nach dem letzten möglich ist, alles ineinander verzahnt und allein wenig wert ist: Denn ohne die richtige mentale Einstimmung gibt es keine optimale Wahrnehmung, kein wirkliches Angleichen, ohne Angleichen keine Gemeinsamkeiten, keinen Aufbau der emotionalen Beziehung, und somit ist letztendlich auch kein Mitreißen, Führen und Überzeugen des anderen möglich.

Diese Gespräche kennen Sie wahrscheinlich zur Genüge: Kommunikation, die gerade nicht von gegenseitiger Offenheit, viel Wohlwollen, echtem Interesse, ungeteilter Aufmerksamkeit, einer guten Atmosphäre und einem freundschaftlichen, positiven Miteinander geprägt ist. Sondern von wechselseitigem, kritischem Beäugen, mangelndem Respekt und fehlender Toleranz, zähem Ringen um jedes einzelne Argument, hartem Aufeinanderstoßen von vorgefertigten Meinungen und Ansichten und vor allem von dem frustrierenden Ausgang ohne ein positives, konstruktives Ergebnis. So macht das Kommunizieren natürlich keinen Spaß!

Die gute Nachricht ist: Es geht auch anders, sehr viel besser und einfacher. Denn Sie haben es selbst in der Hand. Es ist allein Ihre Entscheidung, ob Sie die Stimmung, den Verlauf und die Ergebnisse Ihrer Gespräche dem Zufall überlassen. Oder ob Sie doch lieber ganz bewusst, aktiv und initiativ dafür sorgen, dass Ihre Kommunikation mit anderen Menschen auf einer idealen Basis ruht, vom Anfang bis zum Schluss positiv, wirkungsvoll, emotional überzeugend und somit psychologisch richtig verläuft. Und Sie letztendlich durch Ihre emotionale Sprache die heißersehnten Früchte Ihres Engagements ernten, die verdienten Erfolge für sich verbuchen dürfen, und zwar durch das zu Beginn vielleicht noch bewusste, später und mit etwas mehr Erfahrung dann sicher intuitive Beachten und strikte Anwenden der einfachen Gesetzmäßigkeiten zwischenmenschlicher Überzeugungspsychologie. Und die ist nun wirklich kein Hexenwerk, die kennen und können Sie schon. Denn Sie befolgen sie bereits oft intuitiv und automatisch bei den Personen in Ihrem Umfeld, die Ihnen am Herzen liegen. Wichtig für Ihren weiteren Erfolg wird es allerdings sein, dass Sie diese Gesetzmäßigkeiten in möglichst allen Begegnungen mit Menschen anwenden. Wie dies geht, zeigt Ihnen der nachfolgende Erfolgskreislauf.

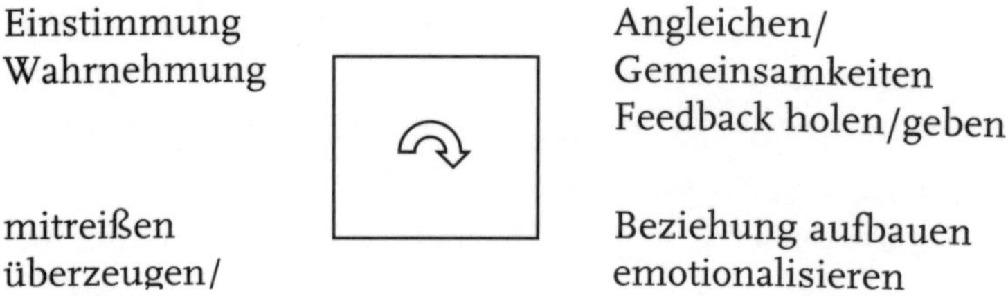

Der Erfolgskreislauf veranschaulicht Ihnen die wichtigsten Schritte, die Sie gehen müssen, wenn Sie Menschen tatsächlich überzeugen wollen. Es muss Ihnen gelingen, sie im tiefsten Innern zu erreichen, ihre individuellen Werte- und Emotionssysteme anzusprechen, sie mitten ins Herz zu treffen und zu emotionalisieren. Erst dann werden Sie andere für Ihre Vorhaben und Ziele gewinnen und nachhaltig davon überzeugen können. Die Herausforderung dabei besteht weniger darin, ob Ihnen dies gelingt, als vielmehr darin, ob Sie es ab sofort wirklich konsequent und voller persönlicher Überzeugung tun.

Denn die einzelnen Schritte sind einfach und Ihnen bereits bestens bekannt: Alles beginnt mit Ihrer mentalen Einstimmung, Ihrer eigenen Emotionalisierung, Lust, Neugier und Vorfreude auf neue Begegnungen, auf das nächste Gespräch mit anderen Menschen. Das ist der wahre Ursprung Ihres später so entscheidenden authentischen, emotionalisierenden und empathischen Verhaltens, das emotionale Beziehungen zu anderen überhaupt erst möglich macht, sie mitreißt und am Ende auch wirklich überzeugt. Diese einzelnen Schritte betrachten wir jetzt ganz genau.

DAS SET-UP EMOTIONALER SPRACHE: SAG'S EINFACH EMOTIONAL

»Be emotional«: (Überzeugungs-)Kraft durch Emotion

Jetzt kommen wir zu meiner Lieblingsdisziplin und der aus meiner Erfahrung wichtigsten Voraussetzung, um andere Menschen durch unsere emotionale Sprache begeistern und überzeugen zu können: unserer persönlichen mentalen Einstellung. Denn erst unsere innere Einstellung und emotionale Verfassung sind der Garant für möglichst viele gute Gefühle in uns selbst und unseren Gesprächspartnern, für die riesengroße Lust auf und das echte Interesse an Menschen überhaupt und folglich auch an wertvollen Begegnungen und einer gelungenen Kommunikation.

Die erfolgreichsten »Influencer«, wie man besonders überzeugende Persönlichkeiten gerne nennt, sind letztendlich immer Gefühls- und Beziehungsmanager und Meister darin, sowohl auf Ihre eigenen als auch auf die Gefühle anderer Menschen gezielt positiven Einfluss zu nehmen. Genau das macht Sie zu erfolgreichen Beziehungsmanagern, weil es Ihnen leichtfällt, auf der Basis der in sich selbst und im Gegenüber erzeugten Gefühle im Handumdrehen eine intensive Beziehung herzustellen. Sicher können Sie sich jetzt vorstellen, welche faszinierenden Vorteile dies für die

Kommunikation generell mit sich bringt. Ist es Ihnen erst einmal gelungen, andere gezielt zu emotionalisieren, das heißt, in eine positive, offene, entspannte, aufmerksame und entscheidungsfreudige Stimmung zu versetzen, dann haben Sie in der Regel auch mit allem anderen leichtes Spiel. Fragen Sie sich gerade, warum? Ganz einfach! Weil Sie durch Ihr Verhalten für emotionale Resonanz gesorgt, ein wohlwollendes Miteinander geschaffen und das vielleicht Wichtigste überhaupt im Gegenüber bewirkt haben: ein gutes Gefühl! Davon können wir Menschen nicht genug bekommen, wir sind beinahe süchtig danach, uns wirklich gut zu fühlen. Und wer uns dieses Gefühl garantiert, der steht meistens in der Top-10-Liste unserer Gunst ganz weit oben.

Doch zurück auf Los! Vielleicht fragen Sie sich jetzt, was das Ganze mit Ihrer mentalen Einstellung zu tun hat. Einfach alles! Denn Ihre mentale Einstellung oder Einstimmung ist nicht nur irgendein Anteil des zwischenmenschlichen Überzeugungsprozesses durch Ihre künftige emotionale Sprache. Sie ist wahrlich viel mehr, nämlich die absolut entscheidende, zwingend notwendige Basis dafür. Sie allein ist der Ursprung, die sprudelnde Quelle Ihrer Kraft, Inspiration, Intuition und Ihres gesamten emotionalen Verhaltens.

Erst Ihr positives mentales Set-up versetzt Sie in die Lage, Menschen mit Ihrer emotionalen Sprache emotional stark zu beeinflussen, mitten ins Herz zu treffen und zu verzaubern. Erst diese außergewöhnlich begeisternde und positiv energiegeladene Stimmung und Ausstrahlung garantieren Ihnen neben sehr viel guter Laune, Klarheit, Mut und Souveränität auch ein faszinierendes authentisches, charismatisches und überzeugendes Auftreten beziehungsweise Verhalten. Dieses positive mentale Set-up, dieser Treibstoff Ihrer emotionalen Sprache, ohne den gar nichts geht, hat einen Ursprung und Namen:

Das Glücksquadrat: Ihr mentales Set-up entscheidet

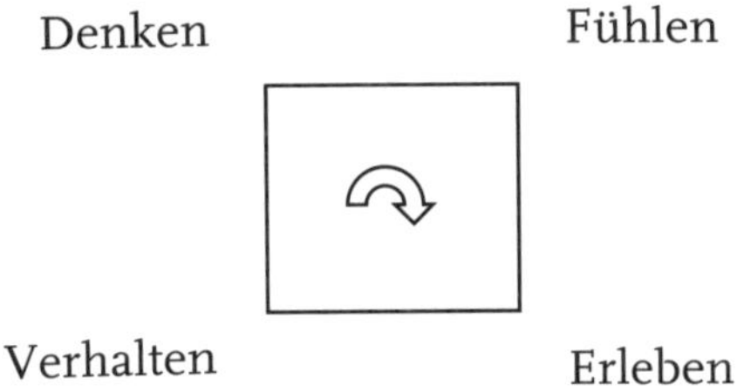

Das Gücksquadrat zeigt es ganz eindeutig und bringt es auf den Punkt! Denn es verdeutlicht einen permanenten inneren Prozess, den festen Ablauf und klaren Zusammenhang zwischen unseren Gedanken auf der einen Seite und unserem nach außen gerichteten, sicht- und spürbaren Verhalten auf der anderen Seite. Es ist unsere vielleicht wichtigste Software, das alles entscheidende Programm, das in unserem Gehirn abläuft. Zu unserem Vorteil, als Chance oder als Schicksal. Wir haben nicht die Wahl, ob dieses Programm läuft oder nicht, können es nicht abschalten und beenden. Doch wir haben ständig großen Einfluss darauf, wie nützlich und positiv es für uns abläuft. Nichts muss so bleiben, wie es war. Wenn nicht alles, dann doch das Meiste kann so werden, wie wir es uns mit festem Willen und aus tiefstem Herzen wünschen. Darum sollten wir auch vom reinen Gehirnbesitzer zu einem begeisterten, aktiven Gehirnbenutzer werden. Denn die aktuelle Hirnforschung besagt ganz eindeutig: Unser Gehirn entwickelt sich so, wie wir es mit echter Begeisterung nutzen!

Und unser Gehirn haben wir nicht, sondern wir sind es! Und darum entscheidet auch unsere »Softwarepflege« – unsere regelmäßigen »Updates« –, wie schnell, effektiv und erfolgreich unser Gehirn funktioniert. Ob es für uns oder gegen uns arbeitet.

Denken–Fühlen–Erleben–Verhalten. Das ist der ständige Kreislauf, der unser individuelles Verhalten steuert und auch unsere Chancen und Möglichkeiten limitiert. Die entscheidenden Fragen lauten: Sind Sie wirklich Herr Ihrer Gefühle – oder eher deren Opfer? Gelingt es Ihnen, Ihre positiven Emotionen auch auf andere zu übertragen beziehungsweise in ihnen zu erzeugen und damit wirklich großen Einfluss auf diese Menschen auszuüben? Oder schaffen Sie dies nur selten oder eher zufällig und wissen dann nicht, wie es Ihnen gelungen ist? Was wollen Sie? Es ist Ihre Wahl. Denn eins steht fest: Gute Gefühle müssen wirklich kein Zufall sein. Wir können dies aktiv bewirken. In uns und in anderen Menschen. Und dies ist der Schlüssel der Kommunikation.

Denken–Fühlen–Erleben–Verhalten, so lautet das unbewusste, endlose Programm in uns, und es ist das entscheidende Spiel unseres Lebens! Betrachten Sie diesen Ablauf jetzt einmal in Ihrem Glücksquadrat. Wie geht es Ihnen damit? War Ihnen dieser Zusammenhang bewusst?

Schauen wir uns jetzt die einzelnen Schritte genauer an:

Denken – damit beginnt es tatsächlich meistens, und Abertausende solcher Gedanken jagen uns täglich durch den Kopf. Die allermeisten davon, genau wie bei den vielen Informationen unserer Wahrnehmung, nur unbewusst, als Schutz vor Überforderung, denn bei allein ca. 1 Million visuellen Impulsen pro Sekunde wären wir sonst schnell außer Kraft gesetzt, wie ein PC, auf dem dreißig Programme gleichzeitig laufen. Unsere bewussten Gedanken sind meistens überschaubar und handelbar. Doch die unbewussten sind es, die sich unserer Kontrolle entziehen, uns oft einen bösen Streich spielen.

Denn unser *Fühlen* korrespondiert 1:1 mit unserem Denken. Jeder Gedanke, der uns durch den Kopf geht, produziert ein entsprechendes Gefühl. Die bewussten Gedanken steuern einen kleinen Teil dazu bei, und wir haben zumindest den Eindruck, diese Gefühle halbwegs gut managen zu können. Doch die sind nur die berühmte Spitze des Eisbergs. Gerade die unzähligen unbewussten Gedanken sind es, die oftmals unsere Emotionen bestimmen. Und auf die haben wir leider keinerlei Einfluss, wir kennen sie in der Regel nicht einmal.

Unser individuelles *Erleben* wiederum, also die Art und Weise, wie positiv oder negativ wir die Umgebung, die Menschen und unsere Aufgaben wahrnehmen, richtet sich nach den Gefühlen. Sie kennen das: Geht es Ihnen richtig gut, dann könnten Sie Bäume ausreißen, Ihre Mitmenschen und Aufgaben erleben Sie als angenehm. Fühlen Sie sich jedoch nicht besonders gut, bestimmen eher negative oder unangenehme Gefühle Ihren Tag. Alles ist unfreundlich, anstrengend und mühsam.

Unser *Verhalten*, gemeint ist alles, was wir nach außen signalisieren – wie unsere Mimik, unser Blick, der Ton unserer Stimme, unsere Sprache, Sprechweise und Körpersprache –, passt sich dem Ganzen dann sofort an. Und so sind wir an positiven Tagen aufgeschlossen, aktiv und mutig. Wir strahlen unsere positive innere Einstellung aus und gehen mit Menschen dementsprechend souverän um. An negativen Tagen oder aus einem unangenehmen Fühlen und Erleben heraus passiert leider genau das Gegenteil: Wir wirken verschlossen, in uns gekehrt, sind leicht aus der Fassung zu bringen und unsouverän.

Was ist nun die Essenz des Ganzen? Es ist wohl eindeutig: *Ihr Denken bestimmt Ihr Verhalten!* Vereinfacht gesagt, ist es so, dass die Qualität Ihrer Gedanken die Möglichkeiten Ihres Verhaltens bestimmt: So wie Sie denken, so verhalten Sie sich!

Das Glücksquadrat: Gute Gefühle, selbstgemacht

Jetzt kennen Sie diesen wichtigen Zusammenhang und wissen, was die einzelnen Schritte bedeuten und wie diese aufeinander aufbauen. Was letzten Endes Ihr Verhalten und Ihren Erfolg beeinflusst, sind Ihre Gedanken. Doch was bringt Ihnen diese Erkenntnis für Ihr optimales mentales Set-up und für die Performance Ihrer emotionalen Sprache? Ganz einfach, Sie können dies ab sofort positiv nutzen. Denn wenn es Ihre Gedanken sind, die Ihre Emotionen und Ihr Verhalten positiv oder negativ steuern, dann halten Sie damit den alles entscheidenden Schlüssel in Ihrer Hand, um Ihre Gefühle und Ihr Verhalten gezielt positiv zu beeinflussen. Das ist Sinn und Zweck des folgenden mentalen Trainings.

Übung: So optimieren Sie Ihr mentales Set-up

A. Vorbereitung

1. Finden Sie 3 bis 5 richtig starke, positive Momente.
   Denken Sie in Ruhe nach, und erinnern Sie sich an 3 bis 5 ganz besonders intensive, positive Erlebnisse oder Momente, die bei Ihnen einen bleibenden Eindruck hinterlassen haben. Schreiben Sie diese bitte auf. Der Inhalt spielt dabei keine Rolle, und es ist egal, ob die

Momente privater oder beruflicher Natur waren. Es zählt allein die Emotion.

2. Den besten Moment auswählen
   Sobald Sie die entsprechenden Momente gefunden haben, empfinden Sie bitte noch einmal jede dieser Situationen ganz in Ruhe nach. Beobachten Sie, welcher Moment heute noch emotional am stärksten und positivsten auf Sie wirkt. Notieren Sie diesen Moment dann bitte als den besten.
   Wichtig: Achten Sie auf eine eindeutige, starke und positive emotionale Intensität des gewählten Moments. Denn das entscheidet später maßgeblich über den Erfolg dieses Trainings.
3. Einen Namen geben
   Nun geben Sie Ihrem »best moment« bitte einen Namen. Denn unsere Welt ist in Namen organisiert, und es wird Ihnen später leichter fallen, auf diese Situation zuzugreifen, wenn sie einen Namen hat.
   Damit ist die Vorbereitung abgeschlossen, und Sie können beginnen.

B. Mentales Training: Denken Sie ab sofort bitte
4 Wochen lang – 3× täglich – ≥ 1 Minute – zu festen Zeiten (Ritual!) an den von Ihnen gewählten »best moment«. Falls Sie keine Erfahrung mit mentalem Training haben, dann führen Sie die Übung in der ersten Woche an einem ruhigen Ort durch, an dem Sie allein sind. Danach fällt es Ihnen leichter, und Sie können üben, wann und wo Sie wollen. Fangen Sie am besten gleich mit der Übung an!

Das Ergebnis: Haben Sie einen starken, positiven »best moment« gewählt und auch gleich mit dem Training begonnen? Dann sind Ihnen schnelle Erfolge sicher. Denn nur drei Gründe können dies vereiteln:

1. zu schwache Intensität des gewählten »best moment«
2. die Übung wurde weniger als 4 Wochen durchgeführt
3. Sie glauben prinzipiell nicht an mentales Training.

Ansonsten werden Sie die tolle Wirkung dieses Trainings genießen. Denn es macht Sie in kürzester Zeit spürbar emotionaler und deutlich

- energiegeladener
- gelassener
- konzentrierter
- achtsamer
- aufmerksamer
- präsenter
- begeisterter
- charismatischer
- überzeugender
- mutiger
- kreativer
- souveräner.

FAZIT: Ihr Denken bestimmt Ihr Verhalten! Allein die Qualität Ihrer Gedanken entscheidet, wie positiv, souverän und emotional Sie sind. Es ist für Sie daher Gold wert, mit diesem mentalen Training sofort und ohne Ausrede zu beginnen. Denn es ist das Beste, was Sie für sich selbst und für den Erfolg Ihrer emotionalen Sprache tun können!

GEDANKEN ORDNEN, ZIELE DEFINIEREN

Gerade sprachen wir darüber, wie wichtig Ihre *Gedanken* sind, denn Ihre Gedanken steuern Ihre Emotionen und Ihr gesamtes Verhalten. Nur klare Gedanken sorgen für klare Worte. Und diese klaren Gedanken haben Sie erst, wenn Sie in einem emotional eindeutigen, positiven inneren Zustand sind, wenn Ihre Gefühle in geordneten Bahnen verlaufen. Nur dann sind Sie in der Lage, Ihre emotionale Kommunikation zielgerichtet und souverän zu zelebrieren. Ist dies nicht der Fall, sind Sie aufgewühlt, verärgert oder zu verbissen bei der Sache, dann sind es Ihre Gedanken ebenfalls. Und dann gehen deren Klarheit und Eindeutigkeit verloren.

Auch das *Ziel* Ihrer Kommunikation muss klar sein! Klare Ziele geben uns die Richtung unseres Handelns vor, bündeln unsere Energie, ordnen die Prioritäten und sind der Motor unseres Lebens. Nur wenn Ihre Ziele eindeutig sind, sind es auch Ihre Emotionen, Aussagen und jedes einzelne Ihrer Worte. Definieren Sie daher bitte immer möglichst klare (Gesprächs-)Ziele! Überlegen Sie sich vor jedem Gespräch stets genau, was Sie mit Ihren Worten, Aussagen und emotionalen Botschaften bei dem anderen erreichen oder bewirken wollen.

FAZIT: Ihre Gedanken und Ziele bestimmen das Gesprächsergebnis. Denken Sie immer an Ihr Glücksquadrat: Erst mit den Gedanken an Ihr Ziel werden sich auch Ihre Gefühle und Ihr gesamtes (körper-)sprachliches Verhalten daran anpassen. Wirklich zielsicher, verbindlich und überzeugend sind Sie erst, wenn Sie klipp und klar wissen, wohin die Reise gehen soll. Ist Ihnen das Ziel hingegen unklar, dann strahlen Sie dies durch Ihre Aussagen und Ihr Verhalten deutlich aus.

SPRACHE ALS SELBST- UND FREMDMOTIVATION NUTZEN

Ihre Sprache ist das Spiegelbild und der eindeutige Ausdruck Ihrer aktuellen Gedanken und Emotionen. Je nachdem, in welcher emotionalen Stimmung Sie sich befinden, fallen auch Ihre Sprache, Sprechweise und Ihre Wortwahl aus: In einer guten, motivierten Stimmung wählen Sie meistens andere Worte, als wenn Sie schlecht gelaunt, verärgert oder unsicher sind. In einer begeisterten Stimmung verwenden Sie zum Beispiel automatisch deutlich mehr positiv emotionalisierende Adjektive wie wunderschön, faszinierend, atemberaubend, der Ton Ihrer Stimme klingt emotional, Sie haben eine ganz besondere körpersprachliche Ausstrahlung und Wirkung.

Jedes einzelne Wort ist nicht nur das Ergebnis Ihres momentanen Denkens und Fühlens, sondern es beeinflusst gleichzeitig auch Sie selbst und Ihren Gesprächspartner. Denken und fühlen Sie sich positiv, dann sind es auch Ihre Worte. Und diese üben dann sofort einen entsprechend positiven Einfluss auf Ihr Gegenüber aus. Gleichzeitig verstärken diese Worte die aktuelle Stimmung in Ihnen. Es ist ein permanenter Kreislauf, wie wir ihn im Glücksquadrat kennen gelernt haben. Das Schöne ist: Auch diesen wertvollen Zusammenhang können Sie aktiv für sich nutzen, indem Sie auf Ihre Wortwahl achten, sich mit den richtigen Worten auf Ihre Gespräche einstimmen.

FAZIT: Achten Sie auf Ihre Worte! Denn diese beeinflussen Sie selbst und andere! Statt ein »Ich muss/sollte/könnte …« motiviert Sie und andere ein »Ich möchte/würde gerne/will/habe große Lust …« doch viel mehr.

Übung

Bitte ergänzen Sie diese (selbst-)motivierenden Aussagen:

1. Mich motiviert besonders, wenn

   ………………………………………………………………………

2. Ein (mein) Lächeln wirkt auf mich

   ………………………………………………………………………

3. Einzigartig an mir ist

   ………………………………………………………………………

4. Ich lobe mich und andere gerne, weil

   ………………………………………………………………………

5. Mein Selbstbewusstsein schöpfe ich aus

   ………………………………………………………………………

6. Meine größte bisherige Leistung ist

   ………………………………………………………………………

7. Verantwortung macht mir Spaß, weil

   ………………………………………………………………………

8. Ich bin eine besondere Persönlichkeit, weil

   ………………………………………………………………………

9. Mein größtes Ziel im Leben ist

………………………………………………………………………………

10. Besonders gerne denke ich an

………………………………………………………………………………

11. Positives Denken gibt mir

………………………………………………………………………………

12. Die drei wichtigsten Personen in meinem Leben sind

………………………………………………………………………………

13. Mich begeistert

………………………………………………………………………………

ganz besonders.

14. Zuletzt habe ich

………………………………………………………………………………

für

………………………………………………………………………………

gelobt.

15. Sehr stolz bin ich auf

………………………………………………………………………………

16. Ruhe und Energie schöpfe ich aus

………………………………………………………………………………

17. Ich rede gerne mit anderen Menschen, weil

………………………………………………………………………………

18. Mich interessieren andere Standpunkte, weil

………………………………………………………………………………

19. Besonders gut kann ich

....

20. Ich liebe neue Erfahrungen, weil

....

21. Meine Freunde schätzen an mir

....

22. Entscheidungen fälle ich am besten

....

23. Meine Lebensfreude gewinne ich aus

....

24. Positive Erwartungshaltung ist für mich

....

25. Erfolg im Leben heißt für mich

....

26. Meine Prioritäten im Leben sind

....

27. Ich wirke auf Menschen positiv, weil

....

28. Ich spreche gerne positiv, weil

....

29. Es macht mir Spaß

....

DIE MACHT DES (VOR-)ERSTEN EINDRUCKS

Jetzt ist es so weit: Das Gespräch beginnt, Sie treffen auf andere Menschen und wollen mit diesen kommunizieren. Ein besonders entscheidender Moment, gerade wenn Sie zum ersten Mal jemandem begegnen. Denn lange bevor es um die Worte, Inhalte und emotionalen Botschaften zwischen Ihnen gehen wird, zählt etwas ganz anderes: der erste Eindruck. Dieser so wichtige, zutiefst archaische kurze, unbewusste Moment, in dem wir uns in Sekundenschnelle gegenseitig visuell abscannen, uns im wahrsten Sinne des Wortes »ein Bild voneinander machen« und anschließend ein oft dauerhaftes, (vor-)schnelles Urteil bilden: Freund oder Feind!

Viel genauer rastert unser Gehirn nicht, das war in Urzeiten auch kaum nötig. Denn letztendlich wollten wir nur wissen: Sind wir Jäger oder Gejagte, haben wir eine attraktive Beute vor uns, oder droht uns selbst dieses traurige Schicksal? Alles musste rasend schnell gehen, damit wir überhaupt noch die Zeit hatten, entweder zu agieren und anzugreifen oder zu reagieren, also die Flucht anzutreten, oder uns still zu verhalten, um dem Angreifer nicht ins Visier zu geraten. Angriff, Flucht, Starre – die drei Grundreflexe.

Jetzt wissen Sie auch, warum der erste Eindruck so schnell, sehr grob gerastert und meistens nachtragend, ohne zweite Chance stattfindet. Obwohl ich hier gerne klarstellen will: Die bekannte Weisheit »Für den ersten Eindruck gibt es keine zweite Chance« teile ich nicht. Zugegeben, es ist schwierig und zeitintensiv, einen negativen ersten Eindruck auszuräumen. Doch es geht, das haben Sie vielleicht auch schon erlebt. Zum Beispiel dann, wenn man Menschen, die man eher nicht so positiv oder sogar als schwierig kennen gelernt hat, immer wieder trifft oder treffen muss. Dann kann es vorkommen, dass einem der andere plötzlich anders begegnet oder man ihn neu, anders und positiver wahrnimmt. Beides ist sehr gut möglich, denn der erste Eindruck hängt von vielem ab. Ganz besonders wichtig dafür sind allerdings unser echtes, glaubwürdiges, authentisches Auftreten und ein ungefiltertes, emotionales Verhalten. Dies lässt bei vielen Menschen, häufig gerade bei einer Erstbegegnung, zu wünschen übrig. Denn wir sind oft zu sehr vom Verstand gesteuert, von bisherigen Erfahrungen geprägt, wägen ab, wie wir uns am besten verhalten sollten, und sind lieber erst einmal kritisch und vorsichtig.

Wir tragen dann gewissermaßen eine Maske, um uns dem Urteil des anderen nicht gleich preiszugeben. Doch damit begehen wir einen großen Fehler, denn dann sind wir nicht mehr echt, nicht mehr so, wie wir wirklich sind. Wir verhalten uns auch nicht mehr stimmig – unsere Worte, der Tonfall unserer Stimme und unsere gesamte Körpersprache, insbesondere die Mimik und der Blick, sind nicht kongruent, passen nicht mehr zusammen. Doch genau das registrieren unsere Gesprächspartner unbewusst sehr schnell und eindeutig als klare Unstimmigkeit, also als negativ. Denn unser Gehirn tickt eben urzeitlich, ist aus Gründen der früher so wichtigen Überlebenssicherung noch immer äußerst kritisch und vorsichtig eingestellt, ist von einem solchen Verhalten sofort alarmiert, wittert Gefahr und kennt dann nur ein klares Urteil: Wir sind Feind! Und dies ohne böse Absicht!

Das muss aber nicht so sein, wenn wir anderen Menschen mit klaren Gedanken, einer ordentlichen Portion an positiven Gefühlen, offen, mit Lust, Neugier und Interesse begegnen. Das wissen Sie, spätestens seit Sie das Glücksquadrat kennen gelernt haben: Authentisch sein ist die allerwichtigste Spieregel für den optimalen ersten Eindruck. Denn zum Freund wird man beim anderen nur, wenn man sich ihm ehrlich offenbart. Nichts macht Sie authentischer als Ihre sicht- und spürbaren positiven Emotionen.

Ebenso hängt der erste Eindruck von unseren jeweiligen Stimmungen ab. Sind Sie selbst und im Idealfall auch Ihr Gesprächspartner von positiven Emotionen erfüllt, dann haben beide eine viel offenere Wahrnehmung, sind toleranter, empathischer und haben Lust auf das Gespräch. In einer solchen Stimmung fällt es beiden Seiten automatisch erheblich leichter, von dem anderen einen positiven Ersteindruck zu gewinnen. Geht es uns oder dem Gegenüber hingegen nicht gut, sind wir gerade in einer negativen Stimmung, fühlen wir uns gehetzt, gereizt oder müde, dann sind wir kaum offen für Neues. Der Gesprächspartner hat in einem solchen Fall keine faire Chance, positiv bei uns anzukommen.

FAZIT: Der erste Eindruck zählt. Freund oder Feind, lautet das Ergebnis. Ein kurzer Augenblick, der über Ihren Erfolg oder Misserfolg entscheidet. Sind Sie für andere »Freund«, erhalten Sie viel Aufmerksamkeit, Wohlwollen und Interesse. Perfekt für ein gelungenes Gespräch. Als »Feind« ernten Sie Skepsis und Ablehnung. Ihre Authentizität ist das »A und O«. (Positive) Emotionen sind es, die Sie automatisch authentisch machen und überzeugen. Positive Gefühle durch Ihr Glücksquadrat. Damit Sie durch viele gute erste Eindrücke tolle Erfolge genießen und andere Sie authentisch erleben. So, wie Sie wirklich sind.

MEHR PRÄSENZ: DIE MAGIE DES AUGENBLICKS NUTZEN

Kennen Sie die oftmals leider oberflächlichen und beliebig austauschbaren Momente, die nichts in uns hinterlassen? Verabredungen, bei denen Ihrem Gegenüber nichts an Ihnen auffällt? Wo Sie im Gespräch sind und der andere Sie anschaut, doch Sie haben das Gefühl, er schaut Sie nicht wirklich an. Wo sie miteinander reden, doch Ihr Gesprächspartner wirkt, als wäre er nicht wirklich präsent und nicht zu 100 Prozent bei Ihnen? Sie erzählen etwas, und der andere hört auch scheinbar zu, doch er wechselt ganz schnell das Thema. Oder seine Blicke fallen immer wieder auf das vor ihm auf dem Tisch liegende heißgeliebte Smartphone. Wir leben leider im Zeitalter der geteilten Aufmerksamkeit. Obwohl wir uns doch gerade so sehr nach ihr sehnen.

Dann gibt es zum Glück noch die anderen, positiven Beispiele. Die warmherzigen, empathischen, echten Perlen der Kommunikation! Gesprächspartner, die Ihnen in Sekundenbruchteilen das angenehme Gefühl vermitteln, absolut präsent und voll und ganz für Sie da zu sein. Menschen, die vor Ihnen sitzen, Sie hellwach, konzentriert und in aller Ruhe anschauen. Mit denen sich Ihre Blicke nicht nur zufällig, sondern immer wieder ganz bewusst für Sekunden treffen. Menschen, denen sowohl bemerkenswerte Äußerlichkeiten an Ihnen als auch Ihre aktuellen Stimmungen auffallen und die darauf eingehen. Die Ihnen durch ihr Verhalten, ihre Blicke, Mimik und (Körper-) Sprache eindeutig sichtbar und spürbar ihr riesengroßes, ehrliches Interesse und ihre ungeteilte Aufmerksamkeit signalisieren. Manche schaffen es sogar, Ihnen gleich zu Beginn der Begegnung ein ausdrückliches Lob oder ein wunderschönes Kompliment auszusprechen und Sie damit emotional von der Realität in den Himmel zu katapultieren, Sie zum Staunen und Träumen zu bringen, Sie vielleicht sogar zunächst zu verwundern, weil ein solches Verhalten heute leider selten geworden ist. Auf jeden Fall gelingt es diesen Menschen, sofort Ihr Herz zu öffnen, im Handumdrehen Ihr Vertrauen zu gewinnen und Sie durch ihre faszinierende Präsenz unglaublich stark in ihren Bann zu ziehen. Und dies alles einfach nur, weil Sie sich beachtet, wertgeschätzt und im Gespräch pudelwohl fühlen?

Doch genau das ist es ja, was wir uns im Grunde unseres Herzens wünschen und worum sich jede gelungene Kommunikation drehen sollte: Aufmerksamkeit, Beachtung, Interesse und in manchen Fällen auch Liebe – denn das ist unser allergrößtes Grundmotiv, das treibt uns an, danach sehnt sich und strebt wohl jeder. Beschenken wir andere Menschen mit diesen emotionalen Wohltaten, dann können in der Kommunikation wahre Wunder geschehen.

FAZIT: Nutzen Sie die faszinierende Macht und Magie der Präsenz. Wann immer Sie Menschen begegnen, seien Sie hellwach, klar, fokussiert und emotional eindeutig positiv. Konzentrieren Sie sich zu 100 Prozent auf den Augenblick und das Gegenüber: Ihm gehört Ihre volle Aufmerksamkeit und Achtsamkeit. Seien Sie wirklich präsent, geben Sie ihm bewusst die Hand, schauen Sie ihm tief in die Augen, und sprechen Sie ihn immer wieder mit seinem Namen an. Hören Sie genau zu, und interessieren Sie sich spürbar für ihn. Damit gewinnen Sie Ihr Gegenüber, sprechen seine Werte an und schenken ihm das Kostbarste, was es heute noch gibt: Ihre Zeit sowie volle Anerkennung und Achtung.

DIE MACHT DER MIMIK

Mimik ist nicht alles – doch ohne Mimik ist alles nichts! Diesen viel sagenden Leitspruch kann ich voll und ganz unterschreiben. Darum möchte ich Sie hier noch einmal dafür sensibilisieren.

Denn unsere Mimik

- ▷ ist der Ausdruck unserer wahren Emotionen
- ▷ hat großen Einfluss auf andere Menschen.

Mimik ist das A und O, wenn wir andere wirklich erreichen, von uns selbst überzeugen und begeistern wollen. Kaum etwas übt einen größeren Einfluss auf unser Gegenüber aus, spricht so intensiv seine Grundinstinkte und -reflexe an und bewirkt in ihm so starke emotionale Reaktionen – Interesse, Freude, Sympathie, Angst oder auch Ablehnung – wie der eindeutige Ausdruck in unserer Mimik. Kein Wunder, sind es doch gerade die Emotionen, die im zwischenmenschlichen Miteinander über Wohl oder Wehe entscheiden. Keine andere Facette unserer Körpersprache zeigt so deutlich unser wahres Innenleben: wie es uns wirklich geht – was wir denken – wie wir uns gerade fühlen – und was wir im Schilde führen. Nur das zählt, und genau das ist es, was Menschen beziehungsweise deren instinktgesteuerte, überlebenssichernde kritische Gehirnareale von uns wissen wollen: die Stimmigkeit unseres

Verhaltens und die Ehrlichkeit und Eindeutigkeit unserer Emotionen. Unsere Mimik spricht Bände, sie allein bestätigt oder widerlegt rigoros unser übriges Verhalten und deutet unsere Worte und Aussagen entweder als wichtige, bedeutsame Botschaften oder als wertlose Phrasen.

Denn die Wortwahl und einen kleinen Teil unserer Körpersprache – wie manche Geste oder ein künstlich aufgesetztes Lächeln – können wir durch intensives Training oder Willenskraft gerade noch halbwegs bewusst steuern. Unsere Mimik jedoch nicht. Sie ist das Spiegelbild unserer Seele, die ungeschminkte, für andere leicht durchschaubare Wahrheit. Das, was wirklich zählt! Darum ist unser mimischer Ausdruck ein so wichtiger, wenn nicht sogar *der* entscheidende Einflussfaktor in der zwischenmenschlichen Kommunikation. Er entscheidet letztlich darüber – zum Beispiel in so wichtigen Momenten wie dem des ersten Eindrucks –, ob wir auf andere glaubwürdig und ehrlich wirken. Und folglich ob sie uns wirklich ihr Vertrauen schenken – oder auch nicht. Selbst ein künstlich aufgesetztes Lächeln wird vom Gegenüber schnell als unehrliches, reines Schauspiel entlarvt, macht ihn vorsichtig, misstrauisch und erzeugt in ihm eine Abwehrhaltung. Eine denkbar ungünstige Situation für ein positives Gespräch!

Zum Glück geht es ja auch anders, wenn wir uns die Bedeutung und die ungeheure Macht unserer Mimik vor Augen halten. Und wir selbst im Vorfeld für die richtigen Gefühle in uns sorgen, die uns für andere emotional eindeutig, erkennbar und stimmig machen. Denn dann ist unsere Mimik faszinierend positiv und überzeugend.

FAZIT: Achten Sie auf Ihre Mimik! Denn die entscheidet letztlich auch über die Wirkung und den Erfolg Ihrer emotionalen Sprache. Und wieder einmal macht es Ihnen Ihr mentales Training mit dem Glücksquadrat leicht. Denn die ehrlichen, positiven Gefühle, die Sie damit ganz einfach in sich erzeugen, sorgen automatisch dafür, dass Sie authentisch sind. Und dann überzeugt auch Ihre Mimik.

VERFÜHRERISCHE AUGENBLICKE

Ihr Blick ist der direkteste und kürzeste Weg zu anderen Menschen. Blicke können einen erfreuen, Aufmerksamkeit schenken, belohnen und glücklich machen – oder einen auch strafen, ermahnen und zur Ordnung aufrufen. Der Volksmund sagt sogar, »Blicke können töten«. Da ist viel Wahres dran. Denn mit keinem anderen natürlichen Ausdrucksmittel haben Sie einen so schnellen Zugang zu Menschen. Bestimmt haben Sie es selbst auch schon oft bemerkt: Wenn Sie andere, besonders fremde Menschen, ganz bewusst anschauen, dann erhalten Sie eine spontane Reaktion: Das Gegenüber bemerkt Ihre Blicke, selbst wenn es Sie zuvor nicht einmal angesehen hat. Es hat Ihre Blicke gespürt, ist sofort hellwach und aufmerksam, vielleicht sichtbar verwundert oder sogar peinlich berührt, weil es sich von Ihnen in seinen tiefen Gedanken ertappt fühlt. Und wenn Sie dies in einer positiven Stimmung mit einem Lächeln tun, dann wird es oft von Ihrem Gegenüber reflexartig erwidert.

Die Bandbreite der Wirkung und Ausstrahlung von Blicken ist riesengroß. Denn sie können auf Menschen schnell abwesend bis abweisend, kontaktfreudig bis verschlossen, unsicher bis entschlossen oder auch schüchtern bis dominant wirken.

FAZIT: Ihr Blick bringt es an den Tag: Er zeigt Menschen Ihre aktuelle Stimmung und Ihre Absichten. Aber auch Sie erfahren sehr viel über andere, wenn Sie ihnen ganz bewusst in die Augen schauen. Nutzen Sie diese wertvollen Informationen, und lassen Sie Ihre Augen sprechen – zusammen mit Ihrem Lächeln sind sie der Charismafaktor Nr. 1.

Übung: Mehr Bewusstsein für Mimik und Blick

Das Wissen über die eben besprochenen Faktoren Ihrer Ausstrahlung wie Mimik und Blick allein reicht nicht aus. Sie sollten ein größeres Bewusstsein dafür erlangen und es immer wieder selbst an sich erleben. Denn erst dann haben Sie einen praktischen Eindruck davon, was diese wichtigen Botschafter Ihrer Körpersprache aussagen.

1. *Mimik:* Schauen Sie in den nächsten Tagen zu unterschiedlichen Zeiten und in verschiedenen Stimmungen genau in den Spiegel. Was sehen Sie? Was fällt Ihnen auf? Welche sichtbaren Unterschiede bewirken Ihre jeweiligen Stimmungen? Was drückt Ihre Mimik aus: Müdigkeit/ Wachheit, Freude/Ärger, Begeisterung/Langeweile?

....

....

....

2. *Blick:* Was verrät Ihr Blick, wenn Sie ganz bewusst in den Spiegel und tief in Ihre Augen schauen: Sicherheit, Wachheit, Entschlossenheit, Begeisterung, Mut und Optimismus? Oder eher das Gegenteil: Unsicherheit, Müdigkeit, Desinteresse und Angst? Schauen Sie sich ganz kon-

zentriert, sehr aufmerksam und interessiert an: Verändert sich jetzt Ihr Blick?

....

....

....

FEINWAHRNEHMUNG ALS ERFOLGSFAKTOR

Ihre bewusste und präzise Wahrnehmungs- und Beobachtungsgabe ist einer der wichtigsten Schlüsselfaktoren für Ihre emotionale Sprache. Denn nur durch Ihr feinfühliges, achtsames und empathisches Wahrnehmen der Umgebung, der Atmosphäre, des Verhaltens und besonders der Stimmungen im Vorfeld beziehungsweise gleich zu Beginn einer Gesprächssituation erfahren Sie alles darüber, was Sie für Ihre erfolgreiche emotionale Kommunikation mit anderen brauchen.

Erst durch sehr genaues Beobachten

- des Auftretens (Begrüßung)
- des körpersprachlichen Verhaltens
- der Mimik und Blicke
- der Wortwahl
- der Sprechweise
- des Tonfalls
- der Stimmung

wissen Sie wirklich, woran Sie bei dem anderen sind und was Sie tun sollten, um mit ihm in ein richtig gutes Gespräch zu kommen. Und das spürt er und belohnt Ihr Interesse, Ihre Aufmerksamkeit und Wertschätzung meist auch, indem er Ihnen diese Zuwendung ebenfalls zukommen lässt.

FAZIT: Ihre Wahrnehmung ist der Schlüssel zum Erfolg. Nur sie liefert Ihnen alle entscheidenden Informationen darüber, wie Sie am besten auf die Situation, das Gegenüber und seine Stimmung eingehen. Doch die Voraussetzung dafür ist, dass Sie zu 100 Prozent bei der Sache sind und auch Ihre Emotionen positiv sind.

EMPATHISCHES ANGLEICHEN IST DER SCHLÜSSEL

Zugegeben, Wahrnehmung kann für Sie ein faszinierender Schlüssel zu unglaublich großen Erfolgen in Ihrer Kommunikation sein. Doch in den Genuss von dadurch begeisterten, überzeugten Menschen und für Sie optimal verlaufenden Gesprächen werden Sie erst dann kommen, wenn diese für Sie mehr als nur ein weiterer Aspekt der Kommunikationstheorie oder eine aus taktischen Gründen angewandte Technik ist. Denn Wahrnehmung allein ist noch nicht viel wert. Auch wenn sie nur als Technik angewandt wird, verliert sie einen Großteil ihrer Wirkung. Techniken mögen Menschen nicht gerne. Menschen mögen lieber Menschen, die echt und ehrlich sind, es gut mit ihnen meinen. Daher liefert Ihnen auch nur die ehrlich gemeinte Wahrnehmung die vielen gewünschten Informationen und bewirkt im Gegenüber gleichzeitig die angesprochenen, dankbaren Emotionen.

FAZIT: Erst wenn bewusste Wahrnehmung für Sie tatsächlich zu einer echten Herzensangelegenheit, einer positiven inneren Haltung und prinzipiellen Lebenseinstellung heranreift und Sie diese gerne und mit größter Selbstverständlichkeit praktizieren, entfaltet sie ihre faszinierende Wirkung. Denn dann strahlen Sie automatisch Offenheit, Neugier, Interesse und große Empathie für andere Menschen, deren Wünsche, Träume und Zielsetzungen aus. Erst dann werden Sie auf das beim Gegenüber Wahrgenommene spürbar eingehen, sich ihm sensibel angleichen, es abholen und mitreißen. So wie im Kapitel »Gelungene Kommunikation« ausführlich dargelegt.

Übung: Wahrnehmung und Angleichen

Bewusste Wahrnehmung und empathisches Angleichen sind natürlich auch Übungssache und sollten für Sie zu einer automatischen, positiven Gewohnheit werden. Am besten schärfen Sie Ihre Sinne dafür, wenn Sie ab heute regelmäßig die Menschen in Ihrem privaten und beruflichen Umfeld genau beobachten, sich in sie hineinfühlen und versuchen, sich aktiv ihrer Stimmung, Sprache und Körpersprache anzugleichen. Halten Sie fest, was Ihnen aufgefallen und wie es Ihnen gelungen ist.

Wahrnehmen/angleichen können Sie zum Beispiel
Thema: ....
Blick: ....
Mimik: ....
Gestik: ....
Sitz-/Stehhaltung: ....
Wortwahl: ....
Sprechtempo: ....
Lautstärke: ....
Tonfall: ....
Stimmung: ....

RICHTIG FRAGEN: WIE SIE IN FREMDE WELTEN EINTAUCHEN

Wer fragt, der lenkt, was der andere denkt! Fragen sind tatsächlich eine hervorragende Möglichkeit, um mit Menschen ins Gespräch zu kommen, sie besser kennen zu lernen, ihre Wünsche und Ziele zu ergründen und sich ihnen schnell und einfach anzugleichen.

Denn wer anderen Fragen stellt, beweist damit, dass er neugierig und offen für neue Themen und Meinungen ist, sich wirklich für sie interessiert – stellt Sie in den Mittelpunkt des Geschehens und schenkt Ihnen dadurch die Aufmerksamkeit und Anerkennung, die wir uns alle wünschen. Nur wer fragt, der weiß sofort, wen er wirklich vor sich hat und was er von ihm erwarten kann.

Fragen sind unheimlich wertvoll, denn sie

- ▷ liefern viele Informationen
- ▷ entschlüsseln Emotionen
- ▷ beweisen Aufmerksamkeit
- ▷ bezeugen Interesse
- ▷ geben Beachtung/Anerkennung.

Fragen sind wichtig, das sagt beinahe jeder, der danach gefragt wird. Und doch gehen viele Menschen leider nicht fragend, sondern lieber selber redend durchs Leben und vertun die wertvolle Chance, Menschen besser kennen zu lernen, besser auf diese ein- und mit ihnen umgehen zu können und sich um deren individuelles Wissen, deren Meinungen und Erfahrungen zu bereichern. Und sie dadurch erstaunlich leicht emotional positiv zu stimmen, manchmal sogar wunschlos glücklich zu machen, weil sich endlich jemand für sie und die Themen interessiert, die ihnen gerade besonders am Herzen liegen.

Es gibt sicher die mannigfaltigsten Gründe und Motive, warum viele Menschen lieber von sich, ihren Erlebnissen und Zielen erzählen als andere auch einmal etwas zu fragen – sei es aus Gewohnheit oder Angst vor Unbekanntem, vor unbequemen Themen und Ansichten. Vielleicht auch aus Eitelkeit, Dominanzgehabe oder Egoismus. Ich glaube, dass dies in den meisten Fällen durch fehlende Offenheit und mangelndes Interesse an den Mitmenschen bedingt ist. Und das ist schade!

Denn mit Ihren Fragen beweisen Sie dem Gegenüber nicht nur Ihr ehrliches Interesse, Ihre volle Aufmerksamkeit und Beachtung und erhalten dies alles meistens auch 1:1 von ihm zurück, sondern Sie sprechen damit auch seine innersten Gedanken, Werte und Ziele an und erfahren, wer er ist, was ihn wirklich bewegt und was er sich wünscht. Damit tauchen Sie in eine fremde – in seine – Welt ein.

Fragen haben für Sie also nur Vorteile. Doch praktizieren Sie bitte auch hier möglichst keine Technik. Davon rate ich Ihnen genauso ab wie beim Stichwort Wahrnehmung. Selbstverständlich weiß ich aus meiner langjährigen Erfahrung, wie viele Menschen die verschiedensten Fragetechniken und Frageformen gelernt haben. Und es ist ja ein guter Anfang, wenn Sie auf diesem Weg überhaupt beginnen, anderen mehr Fragen zu stellen, weil Sie sich durch die Nutzung vorgefertigter Frageformen viel sicherer fühlen. Doch man hört und spürt es leider, wenn Sie sich bestimmter Fragetechniken bedienen. Außerdem kratzen Sie bei Ihrem Gesprächspartner mit Fragetechniken oft nur an der Oberfläche, denn er antwortet dann dementsprechend taktisch, vorsichtig und zurückhaltend. Wichtiger als die einzelnen Worte oder die genaue Formulierung Ihrer Frage sind die Emotionen, die Sie damit transportieren! Wirklich wertvolle, emotional offene und ehrliche Antworten auf Ihre Fragen erhalten Sie vom Gegenüber erst dann, wenn sich Ihre Fragen völlig anders anhören als bei der typischen Fragetechnik – nämlich so, wie Sie diese Ihren besten Freunden und Ihrem Partner stellen. Dort sieht, spürt und hört der andere an Ihrer Mimik, Ihrem interessierten Blick und dem Tonfall, in dem Sie Ihre Frage stellen, wie sehr Sie sich für seine Antwort interessieren. Genau dies entscheidet in ihm, wie ehrlich, offenherzig und tiefgehend seine Antwort ausfällt. Hat er den Eindruck, dass Sie ihn nur be- oder sogar ausfragen, wie dies manche Menschen aus Neid und Missgunst leider oft tun, dann hält er sich mit seinen Antworten sicher etwas zurück. Vermittelt ihm die Art und Weise Ihrer Fragen hingegen ein gutes Gefühl, ehrliches Interesse und viel Wohlwollen, dann öffnet er Ihnen gerne sein Herz!

FAZIT: Werden Sie zum Wünsche-Detektiv. Bitte ohne Fragetechnik, denn die brauchen Sie in den meisten Fällen überhaupt nicht. Sie bringt Ihnen selten die gewünschten Ergebnisse und Erfolge, weil der andere deutlich spürt, wenn Sie erlernte Fragen abspulen. Denn die hören sich einfach anders an als die, die von Herzen kommen. Und dies wertet er selten positiv, es macht ihn eher vorsichtig und skeptisch. Fragen Sie sich einfach durchs Leben, dann lernen Sie Menschen viel besser und schneller kennen, als wenn Sie immer selbst reden und sich zusammenreimen, was der andere wohl denkt und will. Doch erfragen Sie bitte nur das, was Sie wirklich interessiert. Denn dann fragen Sie emotional, Mimik, Blick und Ton überzeugen – der andere öffnet sich und schüttet Ihnen sein Herz aus. Denken Sie daran: Was Sie fragen, ist wichtig, das »Wie« entscheidet!

Anregungen zu emotionalisierenden Fragen

Auch Fragen zu stellen will gelernt sein. Wie groß ist Ihre Lust darauf? Ich möchte Sie jetzt gerne mit wertvollen Fragen inspirieren, mit denen Sie Menschen schneller emotional öffnen und mehr über deren Werte und Ziele erfahren. Betrachten Sie die Formulierungen bitte als Vorschlag, und entwickeln Sie für sich eine persönliche Version, die zu Ihnen, Ihrem Wortschatz und der tatsächlichen Situation passt.

Höflichkeit: *Passt es Ihnen gerade? Wie viel Zeit haben wir?*

....

Werte: *Was erwarten Sie von ...? (zum Beispiel unserem Gespräch)*

....

Ziele: *Was ist Ihnen an ... besonders wichtig? (zum Beispiel dem neuen Job)*

....

Gefühle: *Wie fühlst du dich/was empfindest du ... jetzt gerade?*

....

Ressourcen: *Wie haben Sie ... bisher gemeistert? (zum Beispiel die Aufgabe)*

....

Klarheit: *Was genau möchten Sie?*

....

Entscheidung: *Wie/Wann wissen Sie, dass Sie das Richtige haben?*

....

Typ: *Wollen Sie gleich alle Details, oder reicht Ihnen das Wichtigste?*

....

Strategie: *Warum wollen Sie ...? (zum Beispiel ein Haus kaufen)*

....

Positiv öffnend: *Wie gut finden Sie ...?/Wie sehr gefällt Ihnen ...?*

....

Bestätigung: *Gefällt Ihnen das?, Sehen Sie das auch so?*

....

AUFMERKSAM ZU- UND HINHÖREN

Ihre ehrlich interessierten Fragen sind unglaublich wichtig, darüber haben wir eben ausführlich gesprochen. Doch auch die beste Frage nützt Ihnen nichts und ist im Ergebnis wertlos, wenn Sie danach nicht die Geduld, Aufmerksamkeit und Empathie aufbringen, Ihrem Gegenüber beim Antworten mit allen Ihren Sinnen zu folgen. Die wichtige Spielregel achtsamer Kommunikation lautet: sehr genau zu- und hinhören und erheblich mehr, als nur die Aussagen des anderen zu erfassen.

Denken Sie immer daran: Emotion geht vor Information! Das gilt auch für die Antworten Ihrer Mitmenschen. Doch meistens sind wir leider viel zu sehr auf die Worte, Inhalte und Fakten einer Antwort fokussiert und missachten die feinen Untertöne, die wichtigen emotionalen Botschaften. Daher sollten Sie in Ihren Gesprächen stets sehr genau zu- und hinhören. Das Zuhören liefert Ihnen Inhalte, Zahlen, Daten und Fakten. Auch das ist selbstverständlich wichtig. Doch erst das ganz präzise Hinhören, das äußerst einfühlsame Wahrnehmen des Tonfalls, der Betonung einzelner Schlüsselworte und der Art und Weise, in welcher Ihr Gegenüber Ihnen antwortet, liefert Ihnen das alles Entscheidende: die Stimmung, die Emotion. Und erst die zeigt Ihnen, was zu tun ist und wohin Ihre Reise geht.

FAZIT: Emotion geht vor Information! Dieser Leitspruch gilt besonders, wenn Sie Menschen zuhören. Und ein »Mir geht es gut« des Gegenübers ist nur dann eindeutig, eine ehrliche Offenbarung und die sinnvolle Grundlage für Ihr weiteres Gespräch, wenn auch der Ton zu den Worten passt. Und dies wissen Sie, wenn Sie zu- und hinhören.

NUR DER EMPFÄNGER ZÄHLT

»Gesagt ist nicht gehört – gehört ist nicht verstanden – verstanden ist nicht überzeugt – überzeugt ist nicht gehandelt.« Kennen Sie diese viel sagende Weisheit?

Unglaublich, wie viel Wahrheit sie enthält. Denn Reden ist das eine, was jedoch bei Ihrem Gesprächspartner wirklich ankommt und ob oder wie sehr es ihn tatsächlich anspricht, interessiert und überzeugt, ist das wesentlich Wichtigere. Ich kann es aus meiner persönlichen beruflichen Erfahrung mit abertausenden von Menschen nur bestätigen: Die meisten Menschen sind in ihren Gesprächen so sehr mit sich selbst beschäftigt, mit dem Ordnen ihrer Gedanken, dem Zurechtlegen der nächsten Frage oder einer geeigneten Formulierung, dass sie darüber das wahre Ziel ihrer Kommunikation aus den Augen verlieren, und zwar die Wirkung und die Emotionen, die sie mit ihren Worten beim Gegenüber erzielen. Das darf nicht sein, denn im Gespräch gehört Ihre Konzentration und Ihre volle Aufmerksamkeit allein Ihrem Gesprächspartner. Haben Sie etwas Wichtiges vorzubereiten oder zu überlegen? Dann erledigen Sie dies im Vorfeld. Denn im Gespräch zählt Ihre 100-prozentige Präsenz.

Nicht das Reden an sich, sondern allein das, was Sie mit Ihren Worten bei anderen bewirken, bestimmt den wahren Gesprächserfolg. Wie oft höre ich, wenn es wieder einmal schiefgelaufen ist: »Ich habe es dem anderen doch klipp und klar gesagt.« Schön und gut, doch wenn er darauf nicht dementsprechend reagiert, dann haben die Worte offensichtlich ihre Wirkung verfehlt. Wenn Ihnen das auffällt, können Sie im schlimmsten Fall nachbessern und Ihre Aussage mit anderen Worten wiederholen. Bemerken Sie den Misserfolg oder die ausbleibende Wirkung Ihrer Worte hingegen nicht, dann wird Ihre Kommunikation zur Sackgasse. Sie gehen nämlich davon aus, dass Sie dem anderen eindeutige Botschaften gesendet haben, doch er wird nicht entsprechend handeln. Und damit verpufft dann jegliche Wirkung Ihrer Sprache.

FAZIT: Nicht Ihre Worte entscheiden. Es zählt allein das, was beim anderen ankommt. Achten Sie daher bitte nach jeder Ihrer Fragen und Aussagen bewusst darauf, wie Ihr Gegenüber reagiert. Wirkt es in diesem Moment spontan positiv oder eher ablehnend? Verändert sich zum Beispiel seine Körpersprache, nickt oder lächelt es, so haben Sie es wahrscheinlich positiv getroffen. Wendet es sich hingegen von Ihnen ab und geht ihr Blickkontakt plötzlich verloren, dann haben Sie zumindest dringenden Klärungsbedarf. Und es ist höchste Zeit für eine spontane Absicherungs- oder Bestätigungsfrage wie: »Sehen Sie das auch so?«, »Sind wir in diesem Punkt einer Meinung?« oder »Gefällt Ihnen das so?«. Schenken Sie bitte unbedingt auch spontanen verbalen Reaktionen des Gesprächspartners Ihre volle Beachtung und Aufmerksamkeit. Reagiert er mit »gut«, »schön« oder »das gefällt mir«, dann sind Sie auf dem richtigen Weg. Hören Sie von ihm hingegen ein »ja, aber ...«, »ich weiß nicht« oder »Das sehe ich anders«, mangelt es wohl am Verständnis oder an seiner Zustimmung. Auch dann ist es der richtige Zeitpunkt, durch Ihre spontane

Absicherungsfrage für völlige Klarheit und Eindeutigkeit zu sorgen.

Und zu guter Letzt: Achten Sie beim Reden besonders auf spontane Reaktionen Ihres Gegenübers. Denn das sind die wahren Emotionen – und die sind viel ehrlicher als alles, was er später noch von sich gibt.

FÜR POSITIVE ERWARTUNGEN SORGEN

Die entscheidenden »Duftmarken« werden meistens zu Beginn einer zwischenmenschlichen Begegnung gesetzt – also ab dem Zeitpunkt des ersten Eindrucks, bei dem das Gehirn Ihres Gegenübers entscheidet, ob Sie authentisch und glaubwürdig, »Freund« oder »Feind« sind, ob es Ihnen vertraut und dann entweder das Positive oder Negative an Ihnen und Ihren Argumenten sucht, findet und beachtet.

Und auch danach, selbst wenn Sie es geschafft haben, als »Freund« angesehen zu werden, sucht der andere ständig unbewusst nach eindeutigen Hinweisen, Gründen und Bestätigungen, warum er sich für Sie und Ihre Themen interessieren und Ihnen seine volle Aufmerksamkeit schenken soll.

Daher ist es entscheidend, dass Sie im Gespräch möglichst früh beziehungsweise schnell punkten, die volle Konzentration und Beachtung des Gegenübers gewinnen, es durch Ihr Verhalten und Ihre Argumente emotionalisieren und dadurch begeistern und überzeugen.

Das Gespräch mit Ihnen muss ihm wichtig erscheinen, es neugierig machen, in positive Erwartung, besser noch in Hochspannung versetzen und ihm möglichst sofort einen persönlichen Nutzen oder Vorteil versprechen. Nur dann schenkt es Ihnen seine volle Aufmerksamkeit und seine wertvolle Zeit. Und das ist das Wichtigste!

FAZIT: Wer zu spät kommt, den bestraft das Leben! Bitte interessieren, begeistern und überzeugen Sie andere Menschen durch Ihr positives emotionales Verhalten und Ihre klaren Nutzen-/Vorteilsversprechen. Zeigen Sie, dass Sie anders sind und etwas zu bieten haben – und zwar sowohl als Persönlichkeit als auch auf der inhaltlichen Ebene. Denn Ihr Verhalten bestimmt die Erwartung!

ANKÜNDIGENDE ÜBERSCHRIFTEN NUTZEN

Es gibt tolle Möglichkeiten, um beim Gegenüber sofort für positive Erwartungen zu sorgen. Natürlich müssen Sie es zuallererst als Person/Persönlichkeit emotional überzeugen, seinen ersten Eindruck positiv bestehen und für es zum Freund werden. Ist Ihnen dies gelungen, dann steht das Tor offen, Sie haben die besten Chancen.

Doch dann erwartet das Gegenüber natürlich auch sehr viel von Ihnen, und Sie sollten es dann möglichst schnell mit Ihren attraktiven Argumenten und viel versprechenden Botschaften emotional abholen, wachrütteln und neugierig machen. Also keine Zeit für langes Reden!

Emotional attraktive, ankündigende Überschriften sind jetzt angesagt.

Die bestätigen und befriedigen zunächst einmal das Interesse anderer. Denn deren Gehirn will einfach wissen, wohin die Reise gehen wird. Deshalb lieben wir auch Vorschautexte von Kinofilmen und Büchern, bevor wir entscheiden, ob wir den Film ansehen oder das Buch lesen. Gute Pressemedien machen es uns erfolgreich vor: Jeder Artikel beginnt nicht gleich mit ausführlichen, erklärenden Texten, sondern mit der sofort Lust auf das Lesen und Appetit auf die Inhalte machenden hochemotionalen Headline. Die muss Neues ankündigen, Nutzen und Vorteil versprechen oder spektakulär sein. Erst dann folgen der erklärende Untertitel und der Gesamttext. Genau so ist es gehirngerecht!

FAZIT: Kündigen Sie sofort an, worum es geht und was Ihr Gegenüber davon hat. Erst die emotionale, attraktive Headline, dann die Details. Ein »Schön, dass Sie Zeit haben« wirkt nicht so sexy auf unser Gehirn wie »Ich habe heute drei tolle Tipps für Ihre Gesundheit mitgebracht«. Das macht den anderen hellwach, und er kann Ihnen leichter folgen.

Übung: Positive Erwartungen durch ankündigende Überschriften

Wählen Sie jetzt drei Themen oder persönliche Anliegen, für die Sie Menschen in Ihrem privaten oder beruflichen Umfeld gerne begeistern wollen. Überlegen Sie sich ganz genau: Wie lautet die Vorteil und Nutzen versprechende, emotional attraktive Überschrift? Und was sind die drei wichtigsten, überzeugenden Detailargumente? Das zwingt Sie zur Disziplin und zum Vorausdenken, es ordnet Ihre Gedanken und zeigt Ihnen schnell, welchen Gehalt Ihre Botschaft hat.

Beispiel
Statt: »Wir sollten heute über die Aspekte Ihrer Gesundheit reden« wählen Sie lieber die emotionale Headline: *»Ich habe drei wertvolle Tipps für ein längeres Leben für Sie«.*
Argument 1: Mehr Bewegung
Argument 2: Viel Schlaf
Argument 3: Low Carb.

Ihre Themen

1. Headline: ....
   Argument 1: ....
   Argument 2: ....
   Argument 3: ....

2. Headline: ....
   Argument 1: ....
   Argument 2: ....
   Argument 3: ....

3. Headline: ....
   Argument 1: ....
   Argument 2: ....
   Argument 3: ....

STARKE EMOTIONEN UND ASSOZIATIONEN WECKEN

Ein Bild sagt mehr als tausend Worte. Deshalb gehen Menschen oft lieber ins Kino als Bücher zu lesen. Spannende Geschichten, von den Eltern als allabendliches Ritual geduldig, liebevoll und sehr emotional vorgelesen, waren heißersehnt, haben uns schon als Kind zutiefst in den Bann gezogen, oft des Atems beraubt und so manche, durch phantasievolle Träume gestörte, unruhige Nacht beschert. Wir lieben auch die ganz persönlichen, bitteren oder erfolgreichen Beispiele anderer Menschen, oft in Autobiographien niedergeschrieben, weil sie uns mehr Wahrheiten über das Leben erzählen, unsere Phantasie stark anregen und uns schneller weiterbringen als die reine Theorie.

Dies alles wissen wir im Grunde auch. Warum haben dennoch so viele Menschen ab einem gewissen Alter aufgehört oder verlernt, mit anderen in wunderschönen Bildern zu sprechen, ihre wichtigsten Botschaften in faszinierende Geschichten zu verpacken oder anderen auch mal ein ganz persönliches, eindringliches Beispiel zu erzählen? Die Hirnforscher bestätigen dies und berichten von sinkender Neugier, Begeisterungsfähigkeit, Risikobereitschaft und wachsender Vorsicht mit zunehmendem Alter und Erfahrung, weil es für uns anscheinend immer weniger Neues zu entdecken gibt, weil wir meinen, alles bereits zu kennen und erlebt zu haben, und aus negativen Erfahrungen dazugelernt haben. Weil wir Gewohnheiten entwickelt haben und uns oft nur noch in dem Aktionsradius unserer sicheren, heißgeliebten Komfortzone aufhalten, möglichst kein Risiko eingehen und nichts Neues mehr wagen wollen. Einerseits will das unser Gehirn auch so, es liebt ja energiearme Zustände wie unsere Gewohnheiten. Auf der anderen Seite wird es dadurch nicht mehr gefordert, entwickelt sich nicht weiter. In Urzeiten brauchte es keine neuen Anreize, da war die nackte Überlebenssicherung Ansporn und Aufgabe genug, um instinktiv und reflexartig auf Hochtouren zu funktionieren. Doch heute fehlt dies, ohne neue Impulse rostet das Gehirn schnell ein, verspürt Frust und Langeweile. Auch weil wir zum Glück immer älter werden.

Als Konsequenz daraus werden wir mit zunehmendem Alter immer mehr von verstandesbedingtem Verhalten gesteuert als von unserem ursprünglichen, kindlichen Entdeckergeist und von spontan ausgelebter Emotionalität. Doch die Gehirnforscher haben auch eine beruhigende Nachricht. Sie sagen: Das alles muss nicht sein, wenn wir etwas mehr dafür tun. So wie Sie mit Ihrem Glücksquadrat!

Denn unser Gehirn und unsere Emotionalität entwickeln sich so, wie wir diese mit Begeisterung nutzen: Also Neues wagen und entdecken, anstatt sich nur auf Bewährtem auszuruhen, das ist der Jungbrunnen für unsere grauen Zellen. Damit gießen wir neues Öl ins Feuer, wecken und beflügeln wieder starke Emotionen wie echte Neugier, Begeisterung, pure Leidenschaft und mehr Lebensfreude in uns! Dann fällt es uns auch leicht, andere Menschen mit Emotionen zu beschenken. Denn wir haben wieder vollen Zugriff darauf, sind kreativ, einfallsreich und haben den Mut, mehr zu wagen und anders zu kommunizieren.

FAZIT: Attraktive Bilder, Beispiele und Geschichten sind der kürzeste Weg zum Gehirn und zum Herzen Ihrer Mitmenschen – und für die Wirkung emotionaler Sprache unersetzbar, da Sie intensive Gefühle erzeugen. Nur Mut, wecken Sie Bilder, erzählen Sie Beispiele und Geschichten!

Übung: Starke Emotionen und Assoziationen wecken

Was sind die schönsten Bilder, die Sie in anderen wecken könnten? Was ist Ihre persönlichste und eindrucksvollste Geschichte, die Sie zu erzählen haben? Und was ist das spannendste, schillerndste Beispiel, das anderen Menschen Mut machen oder ihnen weiterhelfen könnte? Beschreiben und erzählen Sie es doch einfach!

Mein attraktivstes Bild

....

....

....

Meine persönlichste Geschichte

....

....

....

Mein spannendstes Beispiel

....

....

....

AUF DIE RICHTIGEN TONALITÄTEN ACHTEN

Was gesagt wird, ist wichtig – wie es gesagt wird, ist oft entscheidend! Denn unsere Worte, mit denen wir überwiegend Inhalte transportieren, sind das Grundrezept. Wie wir sprechen, verrät viel über uns, unsere wahren Gefühle und Absichten. Das »Wie« ist die Würze des Ganzen, transportiert die emotionalen Botschaften zwischen den Zeilen und entscheidet, wie eine Aussage tatsächlich gemeint ist. Darum sollten Sie in Ihrem Gespräch auf drei Facetten des »Wie« besonders achten. Bei sich selbst und beim Gegenüber:

1. den Tonfall
2. die Betonungen
3. die Tonalitäten.

Der *Ton* macht die Musik. Denn der Ton transportiert die Emotion. Darüber haben wir bereits mehrmals gesprochen. Sie werden immer dann den richtigen, zur Situation passenden Ton treffen, wenn Sie positiv emotional eingestimmt in Ihre Gespräche gehen. Doch was sagt der Tonfall Ihres Gegenübers? Welche Emotionen drückt er aus: Ist es Zustimmung oder Ablehnung, Begeisterung oder Langeweile? Ist sein Tonfall positiv, dann sind Sie gut im Gespräch, und auch die Emotion stimmt. Macht der Ton des Gesprächspartners Sie hingegen eher misstrauisch, klingt er abweisend, gereizt, gelangweilt, eben negativ, dann sollten Sie dringend handeln: Halten Sie inne, stoppen Sie alles, was Sie gerade vorhatten, und holen Sie das Gegenüber wieder ins Boot, indem Sie ihm klärende Fragen stellen wie: »Was geht Ihnen gerade durch den Kopf?«, »Sehen Sie das auch so?« oder »Welche Fragen haben Sie dazu?«. Fragen bringen schnell Klarheit und die Wahrheit.

Auch Ihre *Betonung* beim Reden zählt – Betonungen sind Emotionen! Sie sind wie das Salz in der Suppe, geben unserer Sprache erst die ganz besondere Note. Sie drücken aus, was uns wichtig ist. Denn mit Betonungen heben Sie Ihre entscheidenden Schlüsselwörter und Kernbotschaften deutlich aus Ihren übrigen Worten hervor, setzen klare Prioritäten und bestimmen damit, was beim Gegenüber besonders intensiv ankommt. Denn sein Gehirn versteht diese sofort.

»Wer nicht geht mit der *Zeit*, der *geht* mit der Zeit!«

Bemerken Sie an diesem Beispiel, wie sehr die Betonung der beiden Wörter »Zeit« und »geht« automatisch den Sinn verdeutlicht und das Verständnis erleichtert? Sprechen Sie das Ganze einmal unbetont aus.

Tonalitäten am Satzende machen den Unterschied zwischen Fragen, Anweisungen/Befehlen und Aussagen aus. Während bei Fragen der Ton am Satzende nach oben geht, bei Anweisungen dort abfällt, bleibt er bei Aussagen fast gleich. Kleine Kinder und Babys interpretieren dies ganz hervorragend. Sie verstehen zwar noch keine Sprache – die jeweilige Bedeutung verschiedener Tonalitäten hingegen schon.

FAZIT: Der Ton, Betonungen und Tonalitäten machen Sprache sehr lebendig und ausdrucksstark und steuern deren Bedeutung. Reden Sie emotional, betonen Sie wichtige

Fakten/Botschaften, und setzen Sie Tonalitäten richtig ein. Achten Sie darauf, wie es sich bei Ihrem Gegenüber damit verhält: Wie klingt sein Ton? Was es betont, ist ihm wichtig.

Und fällt sein Ton am Satzende, dann ist dies längst keine Bitte mehr.

LAUTSTÄRKE UND SPRECHTEMPO BEACHTEN

Auch die Lautstärke und das Sprechtempo sind zwei beachtenswerte Größen, die viel über Sie selbst und Ihren Gesprächspartner aussagen und ebenfalls über den Erfolg oder Misserfolg Ihrer emotionalen Kommunikation entscheiden. Denn beide sind eindeutiger Ausdruck der jeweiligen Persönlichkeit und der Emotion. Zusätzlich dienen sie dem gegenseitigen Verständnis und dem positiven Miteinander im Gespräch und verursachen schnell gefährliche Störungen, falls sie überhaupt nicht zusammenpassen.

Die *Lautstärke,* in der wir gewöhnlich sprechen, sagt viel über unsere Person und unsere aktuelle Befindlichkeit aus. Reden wir eher gerne leise und zurückhaltend, dann liegt dies meistens in unserer Persönlichkeit begründet: Wir sind introvertiert, sensibel, unsicher, ängstlich oder schüchtern und spielen uns nicht gerne in den Vordergrund. Ganz anders verhält es sich, wenn wir sehr laut sprechen. Das kann ein erster wichtiger Hinweis auf unser Dominanzverhalten, ein übersteigertes Geltungsbedürfnis oder unseren besonders großen Durchsetzungswillen sein.

Schwierig und unangenehm für eine gelungene Kommunikation wird es, wenn die Lautstärken der Gesprächspartner überhaupt nicht zusammenpassen. Denn ein gerne leise sprechender Mensch fühlt sich von der hohen Lautstärke des anderen schnell angegriffen, bedrängt und bedroht, reagiert mit Abwehr oder stiller Ablehnung darauf. Das gerne laut sprechende Gegenüber hingegen empfindet die geringe Lautstärke des anderen als sehr unangenehm und deutet sie als Unsicherheit, Zögerlichkeit oder mangelndes Interesse.

Äußerst wichtig und beachtenswert ist eine Änderung der Lautstärke Ihres Gegenübers im Verlauf eines Gesprächs. Sie deutet einen Stimmungswechsel bei ihm an. Spricht es zum Beispiel zunächst leise und wird plötzlich lauter, dann zeigt dies, dass ihm das aktuelle Thema sehr wichtig ist. Wird es hingegen leiser, ist es möglicherweise gerade nachdenklich. In beiden Fällen sollten Sie dies bemerken, darauf eingehen und seinen Stimmungswechsel durch Fragen klären.

Auch das *Sprechtempo* spricht eine deutliche Sprache und zählt sehr!

Die Geschwindigkeit, mit der Sie und Ihr Gegenüber reden, entspricht meistens der Ihres Denkens. Sie ist Ihre Taktrate. Sie können nur aussprechen, was Sie zuvor erdacht haben. Ein Schnellsprecher ist oft auch ein Schnelldenker, ein langsam sprechender Mensch denkt meistens auch in einem reduzierteren Tempo. Treffen beide Typen aufeinander, dann sind erhebliche Störungen und Missstimmungen programmiert. Denn der Schnellsprecher fühlt sich vom Langsamsprecher bald hingehalten, unterfordert und gelangweilt. Es geht ihm viel zu langsam voran, er wird ungeduldig, und seine Stimmung verändert sich zum Negativen. Dem Langsamsprecher geht es genau umgekehrt: Er ist überfordert, gehetzt, kann den schnellen Gedanken des anderen kaum folgen. Er schaltet ab, und auch seine Laune sinkt.

FAZIT: Lautstärke und Sprechtempo sind wichtige Stellgrößen für Ihre gelungene, emotionale Kommunikation. Nur wenn diese bei Ihnen und dem Gegenüber halbwegs zusammenpassen, fühlen Sie sich wohl. Die Emotionen stimmen, es entsteht ein Miteinander, und die wirklich wertvollen Informationen fließen. Achten Sie auf beides, und gleichen Sie sich in der Lautstärke etwas an. Als Schnellsprecher machen Sie bitte mehr Pausen, als Langsamsprecher bieten Sie mehr Information.

WICHTIGES PROMINENT POSITIONIEREN

Ich möchte jetzt mit Ihnen über etwas Wichtiges sprechen. Etwas, das Sie interessieren wird und was Sie unbedingt wissen sollten. Etwas, das sehr einfach ist und Ihrer Kommunikation deutlich mehr Wirkung verleiht. Sind Sie mittlerweile schon etwas genervt und fragen sich, warum ich nicht auf den Punkt komme?

Doch genau darum geht es: Die Kernbotschaften kommen oft zu spät und verfehlen ihre Wirkung, weil beim Gegenüber das Interesse und die Aufmerksamkeit längst verflogen sind und es uns kaum noch zuhört.

Statt lange herumzureden und das Risiko einzugehen, dass Sie gedanklich bereits abgeschaltet haben, ehe der Kern meiner Botschaft kommt, hätte ich Ihnen besser sofort gesagt: Bitte positionieren Sie Ihre Kernbotschaften an den Anfang, mindestens jedoch im ersten Drittel Ihrer Gesamtaussage! So mache ich es auch in diesem Buch. Und so haben wir es schon bei den ankündigenden Überschriften besprochen: erst die attraktive Headline, dann die ausführliche Information. Das gilt auch nach der Überschrift. Denn dann dreht sich im Gespräch alles um Ihre Argumente. Für die gilt ebenfalls, dass das Wichtigste vorne stehen sollte. Aus gutem Grund: So ist es gehirngerecht!

FAZIT: Das Wichtigste muss prominent positioniert werden. Am besten an den Anfang. Denn Ihre zentralen Botschaften emotionalisieren und zeigen dem Gesprächspartner sofort, worum es Ihnen tatsächlich geht. Das sorgt bei ihm für eine positive Erwartung, großes Interesse und höchste Aufmerksamkeit. Der ideale Moment, nutzen Sie diesen!

KURZE, PRÄGNANTE SÄTZE WÄHLEN

In der Kürze liegt die Würze – das Gehirn liebt kurze, prägnante Sätze! Sicher ist es Ihnen schon oft an sich selbst oder an Ihrer Kommunikation mit anderen aufgefallen: Ihre Formulierungen fallen immer dann sehr kurz, prägnant, ziel- und treffsicher aus, wenn Sie wissen, worum es geht und was genau Sie anderen sagen wollen. Umständlich und lang werden unsere Sätze meistens nur dann, wenn wir einen Gedanken noch nicht richtig zu Ende gedacht oder ein Thema noch nicht gänzlich verstanden haben. Solange uns die wirklich wichtigen Details, Hintergründe und Zusammenhänge noch unklar oder wir unsicher sind, verfallen wir in Umschreibungen und kommen nicht auf des Pudels Kern. Doch das wird bemerkt, denn es klingt unsicher und wenig überzeugend.

Laut den Erkenntnissen der aktuellen Hirnforschung arbeitet unser Gehirn im Drei-Sekunden-Takt. Darum liebt es prägnante Formulierungen, wenn wir miteinander reden. Kurze Sätze, die in diesen Takt passen, die in nur einem Abtastzyklus erfasst, verarbeitet, emotional und kognitiv bewertet und in entsprechendes Verhalten umgesetzt werden können.

Doch überlegen Sie bitte einmal: drei Sekunden! Das ist verdammt kurz. Ausgesprochen ist das gerade einmal 21–22–23! Reicht das wirklich?

Es sollte, wenn wir klar und fokussiert sind. Mehr ist einfach zu viel.

FAZIT: Kurze Sätze und prägnante Formulierungen sind es, die andere emotional überzeugen. Denn die drücken ein Höchstmaß an Klarheit, Eindeutigkeit und Verbindlichkeit aus. Und genau das liebt unser Gehirn. Weil es sofort verständlich und umsetzbar ist.

Übung: Kurze, prägnante Sätze formulieren

Ihre Sprache und Sprechweise ist geprägt von vielen Gewohnheiten. Allzu oft ist uns leider nicht bewusst, wie wir reden. Erst denken, dann sprechen! So lautet die wichtigste Regel. Machen Sie es für sich zur besten Gewohnheit, sich immer erst einmal sehr genau zu überlegen, worum es wirklich geht und was Sie mit Ihren Worten aussagen wollen. Wählen Sie jetzt drei Aussagen/Ziele, die in Ihrem Leben aktuell eine wichtige Rolle spielen. Notieren Sie diese, und prüfen Sie sie anhand der unten angegebenen Faustformel auf Kürze und Verständlichkeit. Und falls das Ergebnis unbefriedigend ausfällt, feilen Sie daran!

Ihre Sätze bzw. Formulierunen sind

- ▷ bis ca. 10 Wörter leicht verständlich
- ▷ bis ca. 16 Wörter verständlich
- ▷ bis ca. 22 Wörter noch verständlich
- ▷ > ca. 22 Wörter nicht mehr verständlich

Meine drei kurzen, prägnanten Aussagen/Ziele

1. ....
2. ....
3. ....

GENAU SAGEN, WAS SIE WIRKLICH WOLLEN

Sagen Sie den Menschen bitte, was Sie wollen – anstatt was Sie nicht wollen! Wie beim mehr oder weniger gelungenen Formulieren von kurzen, prägnanten Sätzen zeigt sich die Struktur unseres Denkens auch in unseren Aussagen: Wir sagen oft nicht, was wir wollen – sondern, was wir nicht wollen.

Die typischen, weit verbreiteten Formulierungen kennen Sie:

»Ich will Sie *nicht stören.*« (Wann haben Sie Zeit?)

»Das sollten wir *nicht* aus den Augen *verlieren.*« (im Auge behalten)

»Das fällt mir *nicht schwer.*« (leicht)

»Die Idee ist *nicht schlecht.*« (gut, toll)

»Ich will das *nicht* mehr.« (Ich will ...)

Leider sind solche negiert formulierten Aussagen oft fester Bestandteil unseres insgesamt eher negativen Sprachgebrauchs. Das Ganze hat nur einen riesengroßen Nachteil: Das Gehirn versteht kein »Nicht«. Und das bemerken Sie sofort, wenn Sie

»Jetzt bitte *nicht* an einen *roten Porsche* denken.«

»Sich jetzt bitte *nicht* an Ihren letzten *Urlaub am Meer* erinnern.«

Was passiert? Eben, Sie tun genau das Gegenteil: Sie denken daran.

FAZIT: Uns etwas »nicht« vorstellen können wir nur, wenn wir kurz daran denken und dann versuchen, es wieder beiseitezuschieben. Doch die negativen Worte und Emotionen haben dann bereits gewirkt. Oder nichts ausgesagt wie beim letzten Beispiel: Was wollen Sie? Reden Sie bitte positiv. Dann stimmt auch die Wirkung Ihrer Worte.

WIRKUNGSVOLLE PAUSEN NUTZEN

Pausen sind wertvoll, sie erhöhen die Wirkung Ihrer Worte.

Denn diese wort- und weitgehend auch handlungsfreien Momente wirken auf alle Beteiligten wie eine äußerst belebende Erfrischung. Pausen bieten nur Vorteile: Sie tun gut, sorgen für Spannung und Wirkung, schenken allen Zeit. Vor allem Ihnen selbst, wenn Sie der aktive Part im Gespräch sind, weil Sie dann endlich Zeit zum Durchatmen haben und Ihr Gehirn kurz zur Ruhe kommt. Sie können vorausdenken, Ihren Gesprächspartner beobachten und sich die zu seinem aktuellen Verhalten passenden nächsten Argumente zurechtlegen. Auch Ihr Gegenüber schätzt Pausen, weil es dann genügend Zeit hat, Ihre Worte zu verarbeiten. Den Erkenntnissen der Gehirnforschung zufolge hinkt unser Gegenüber uns beim Zuhören um ca. 2 Sekunden hinterher. Diese Zeitspanne braucht es vom Wahrnehmen Ihrer Worte über das interne Verarbeiten bis zum Reagieren. Das bedeutet, dass alles, was Sie in dieser Zeit zusätzlich tun oder sagen, kaum Beachtung findet, verloren geht oder den anderen überfordert.

Pausen bewirken unglaublich viel, sie erzeugen

- Spannung: vor einem wichtigen Statement (Ich bin ... 54 Jahre alt)

- ▷ Wirkung: nach einem inhaltlichen Highlight (Ich liebe dich …!)
- ▷ Verbindlichkeit: nach einer klaren Aussage (Ich bestehe darauf …!)

FAZIT: Machen Sie mal eine Pause! Das tut allen Beteiligten gut. Dadurch erhöhen Sie das Verständnis, die Spannung – und die Wirkung Ihrer Worte. Pausen wirken souverän und geben anderen ein gutes Gefühl: Sie schenken ihnen Zeit zum Denken, Reflektieren und Reagieren.

POSITIV QUITTIEREN UND SCHLÜSSELBEGRIFFE AUFGREIFEN

Bestätigung hört jeder Mensch gerne. Die eigenen Worte auch. Kommen wir zu immer feineren Facetten Ihrer emotionalen Sprache. Denn statt des leider oft üblichen kommunikativen Verhaltens – des sprachlichen Pingpongs, des ständigen Aneinander-Vorbeiredens – empfehle ich Ihnen das positive Quittieren und Aufgreifen von Schlüsselwörtern. Hier ein Beispiel:

Situation 1
Gesprächspartner: »Ich hatte heute viel Spaß beim Baden am See.«
Typische Reaktion: »Wir waren lieber mit dem Fahhrrad unterwegs.«
Nun quittieren Sie das Gehörte und greifen die Schlüsselwörter auf:

Situation 2
Gesprächspartner: »Ich hatte heute viel Spaß beim Baden am See.«
Achtsame Reaktion: »Das freut mich! Ja, Baden am See macht Spaß.«

In der ersten Situation reden Sie einfach am anderen vorbei, gehen nicht auf seine Worte ein. Das ist eine echte Missachtung, zeigt mangelndes Interesse und ist auf jeden Fall nicht gut für Ihr Gespräch.

In der zweiten Situation hingegen quittieren Sie seine Worte, zeigen, dass Sie diese mit Interesse aufgenommen haben, und bestätigen ihn in seiner Emotion.

FAZIT: Ihr positives Quittieren und Aufgreifen ist nicht nur höflich, aufmerksam und respektvoll, sondern Ihr achtsames Verhalten sorgt auch für ein schnelles Angleichen und für positive Emotionen. Tun Sie dies öfter mal!

Übung: Positives Quittieren und Aufgreifen

Positives Quittieren von Aussagen und das Aufgreifen der Schlüsselwörter ist kein Hexenwerk. Mit ein wenig Übung kann es für Sie sehr schnell zu einer großartigen Selbstverständlichkeit werden. Und damit auch den Erfolg Ihrer Kommunikation automatisch beschleunigen.

Üben Sie das Quittieren und Aufgreifen an folgenden Aussagen:

1. »Mir hat das Joggen heute großen Spaß gemacht.«
   ....
2. »Ich sehe Filme am liebsten in kleinen Arthouse-Kinos.«
   ....
3. »Ich kaufe mir als Nächstes ein innovatives Elektroauto.«
   ....

MÄCHTIGE KLEINE WÖRTER NUTZEN

Kleinigkeiten machen den Unterschied – und Beliebiges bedeutsam.

Kleine Wörter verleihen Ihrer Sprache und der gesamten Gesprächssituation im Handumdrehen unglaublich mehr Bedeutsamkeit, Individualität und spürbare Emotionalität. Es sind mächtige kleine Wörter, die den großen Unterschied ausmachen und Ihre Kommunikation aus der Beliebigkeit und Belanglosigkeit herauskatapultieren, die heutzutage leider oft zu erleben ist.

Statt der typischen Floskel »Wie geht's?« fragen Sie: »Wie geht es Ihnen *gerade/heute*?«

Statt der Standardfrage »Gefällt Ihnen die Idee?« fragen Sie: »*Wie gut* gefällt Ihnen die Idee?«

Und statt »Wollen Sie ...?« fragen Sie lieber: »*Wann* wollen Sie ...?« oder »*Wie sehr* wollen Sie ...?«.

Wie leicht haben Sie die unterschiedliche Tiefe, Individualität und Bedeutung erkannt? Standardfragen bringen ebensolche Antworten und wirken weniger interessiert, einfühlsam und emotional.

FAZIT: Fragen Sie präzise, spezifisch, aktuell. Schon kleine Wörter wie »jetzt, gerade, wie sehr/wie gut, wann?« verleihen Ihren Fragen größere Tiefe und bewirken ehrliche Reaktionen und Emotionen Ihres Gegenübers.

DAS ZAUBERWÖRTCHEN »UND«

Kaum ein Wort hat eine derartige Wirkung wie das Wörtchen »und«, mit dem wir so gerne unsere eigenen Argumente und Sätze verbinden, manchmal sogar bis zu unverständlichen Bandwurmkonstruktionen. Doch auf die brillante Idee, auch die eigenen Gedanken und Argumente mit denen anderer durch ein schlichtes »Und« miteinander zu vereinen, kommen wir selten. Dabei gibt es kaum ein Wort, das so schnell für ein echtes Miteinander zwischen Menschen sorgt, so viel an gelebter Offenheit, Toleranz und Wertschätzung ausdrückt wie dieses kleine, unscheinbare Wort.

Selbst völlig unterschiedliche Ansichten und eben noch festgefahrene Meinungen lassen sich damit wunderbar verbinden, befrieden und später vielleicht sogar noch einmal neu und konstruktiv angehen. Bei einem rechthaberischen Schlagabtausch, in dem es ohne Rücksicht auf Verluste nur um das Durchsetzen der eigenen Meinung geht, wohl kaum.

Meinung Person 1: »Ich finde, das müssen wir genau so machen!«

Meinung Person 2: »Falsch, das funktioniert doch so gar nicht!«

Und hier die »Und-Reaktion«: »O.k., das ist eine Idee. Und ich habe zusätzlich noch einen anderen Vorschlag. Was hältst du davon, wenn wir …?«

FAZIT: Durch ein »Und« verbinden Sie verschiedene Meinungen und Argumente. Das lockert auf und fördert eine Atmosphäre des Wohlwollens sowie der Anerkennung und Toleranz für andere Meinungen.

DIE VITAMINSPRITZE FÜR IHRE SPRACHE ENTDECKEN

Gedanken wecken Emotionen. Kleine Zauberwörter tun dies ebenfalls. Ihre positiven Gedanken verursachen in Ihnen herrliche Gefühle wie Begeisterung und Leidenschaft. Das wissen Sie spätestens, seit Sie das Glücksquadrat kennen gelernt haben. Doch nicht nur Ihre Gedanken schaffen dieses wahre Wunder: *Magic Words* tun dies ebenfalls! Es sind diese kleinen, emotionalisierenden Adjektive und Adverbien, die Ihrer Sprache eine vollkommen andere Kraft, Ausstrahlung und Wirkung verleihen. In der heutigen Zeit von stereotypen E-Mail- und WhatsApp-Nachrichten sind magische Zauberwörter wie »herrlich, phantastisch, wundervoll, prickelnd, zauberhaft, wertvoll, einmalig, faszinierend« leider in Vergessenheit geraten. Dabei verleihen erst diese *Magic Words* Ihrer Sprache die richtige Würze, werten Ihre Argumente auf und wecken beim Gegenüber die richtigen Emotionen.

Denn durch *Magic Words* wird aus:

»Ich habe Nachrichten für Sie.«

»Ich habe *aktuelle/brisante/tolle/wertvolle* Nachrichten für Sie.«

»Heute geht es um drei Punkte.«

»Heute geht es um drei *wichtige/entscheidende/spannende* Punkte.«

FAZIT: *Magic Words* sind eine Vitaminspritze für Ihre Sprache. Diese kleinen, magischen Zauberwörtchen machen Ihre Argumente für andere Menschen erst richtig attraktiv und wertvoll – und lassen Ihre Sprache vor purer Emotionalität überschäumen.

Übung: Magic Words aktivieren

Sie kennen diese wunderbar emotionalisierenden Zauberwörter. Sind diese in Ihrem aktuellen Wortschatz nicht mehr präsent? Das können Sie schnell ändern, indem Sie das Vokabular aus der untenstehenden Liste ab sofort immer wieder mal durchgehen – und gerne auch ergänzen. Ich verspreche Ihnen: Übung macht den Meister!

Magic Words sind zum Beispiel:

- ▷ aufregend, anspruchsvoll, atmosphärisch, attraktiv, anziehend
- ▷ bedeutsam, bereichernd, beruhigend, begeisternd, bewährt, bunt
- ▷ einfach, einzigartig, entspannend, erfrischend, erleben, exklusiv
- ▷ facettenreich, phantastisch, phantasievoll, farbenfroh, frei, fröhlich
- ▷ geheimnisvoll, glanzvoll, genießen, genussvoll, Gipfel
- ▷ heiter, hell, herausfordernd, herrlich, herzlich, hochwertig, Horizont
- ▷ ideal, idyllisch, individuell, Idylle, innovativ
- ▷ klar, kostbar, Kostbarkeit
- ▷ lebendig, lecker, leicht, leuchtend, Liebe, liebevoll, Lust, lustvoll
- ▷ mächtig, magisch, Magie, motivierend

- ▷ neu, nutzbringend
- ▷ packend, paradiesisch, Paradies, prickelnd, profitabel, prosperierend
- ▷ rassig, rauschend, rar, rasend, revolutionär
- ▷ schillernd, sicher, spannend, spielerisch, Spitze, sprudelnd, strahlend
- ▷ toll, traumhaft
- ▷ Urlaub, ursprünglich
- ▷ verspielt, versteckt, Versteck, vollkommen, vorteilhaft
- ▷ weich, wertvoll, wohltuend, wundervoll, wunderbar, wohlklingend
- ▷ zart, zauberhaft, Zauberei, Zeit sparend, zentral, zukunftssicher.

GLASKLARE VORTEILE KOMMUNIZIEREN

Sagen Sie, was Sie wollen. Oder gleich, was der andere davon hat!

Ihre Ideen, Wünsche, Ziele und Pläne müssen anderen richtig verkauft werden. Wenn Sie Menschen mit Ihren Emotionen anstecken, für sich gewinnen und für Ihre Vorhaben begeistern wollen, müssen Sie ihnen die alles entscheidende Frage beantworten: Was habe ich davon? Warum sollte ich mich dafür interessieren? Am besten gelingt Ihnen dies, wenn Sie ganz direkt ihre persönlichen Werte ansprechen und ihnen einen eindeutigen Nutzen anbieten. Indem Sie nicht nur einfach Ihre Argumente benennen, sondern diese gleich in einen klaren Vorteil für den anderen übersetzen! Damit sorgen Sie für ein schnelleres Verstehen und ersparen Ihrem Gegenüber beziehungsweise seinem Gehirn das Übersetzen.

Mit Nutzensprache wird dann aus zum Beispiel:
»Unsere Bohrmaschine ist robust und hat eine hohe Leistung.«

»Sie *erleichtern* sich das Bohren und *sparen* sehr viel Zeit.«

»Dieser PKW hat einen 6-Zylinder und ein adaptives Fahrwerk.«

»*Genießen* Sie den Klang des 6-Zylinders und den tollen Komfort.«

»Unsere Schokolade hat nur die besten Zutaten.«
»Sie werden *erleben*, wie unsere Schokolade auf Ihrer Zunge zergeht.«

Erkennen Sie den großen Unterschied? In den erstgenannten, leider meist typischen Fällen wird jeweils nur ausgesagt, was das Produkt kann beziehungsweise ist. Mit Nutzensprache hingegen übersetzen Sie die jeweiligen Produktmerkmale sofort in einen echten, spürbaren emotionalen Vorteil für den anderen. Eben das, was er will.

FAZIT: Menschen »kaufen« keine Produktmerkmale, nackte Zahlen, Daten oder Fakten, sondern Emotionen! Und das ist immer der ganz persönliche Nutzen, eine klar erkennbare, einfache Lösung, möglichst sofort spür- und erlebbare Vorteile: Eine Bohrmaschine sollte schnell und leicht Löcher bohren, das Auto ruhig und komfortabel fahren und die Schokolade richtig lecker schmecken. Nutzensprache erreicht dies, übersetzt Ihre Argumente und Inhalte in geballte Emotionen. Und macht es anderen damit leicht, Ihre Argumente zu lieben.

Hier sind einige Kostproben für Ihre Nutzensprache:
Machen Sie aus: »Ich habe/bin/kann/will ...«
Mit Nutzensprache: »Sie ...«

... aktivieren
... begrenzen
... beschleunigen
... erfahren
... erhöhen
... erleben
... erleichtern
... erreichen
... erzielen
... fördern
... genießen
... gewinnen
... katapultieren
... nutzen
... profitieren von
... reduzieren
... sichern
... sparen
... spüren
... verbinden
... verhindern
... vervollkommnen

EIN MÄCHTIGES DREAMTEAM NUTZEN

»Sie sparen wertvolle Zeit und erzielen traumhafte Ergebnisse.«

Haben Sie es erkannt? Jetzt wird es so richtig mächtig und emotional. Denn sobald Sie Ihre Nutzensprache mit *Magic Words* kombinieren, nutzen Sie ein hochwirksames, beinahe unschlagbares *Dreamteam.* Ihre Nutzensprache erspart dem Gegenüber viel Zeit, übersetzt Ihre Argumente in seine Vorteile, Lösungen und damit auf jeden Fall in gute Gefühle. Und mit *Magic Words* vertiefen Sie zusätzlich diese Emotionen.

Stellen Sie sich vor, Sie bieten Ihrem Gegenüber ab sofort richtig knackige Vorteile statt vieler sachlicher Inhalte und Umschreibungen. Das Ganze emotional leidenschaftlich verpackt. Wie schnell werden andere Menschen da wohl anbeißen? Die entscheidenden emotionalen Zentren ihres Gehirns tun dies auf jeden Fall. Und so wird aus Nutzensprache und *Magic Words* dann ein unwiderstehliches *Dreamteam.*

Übung: Nutzensprache mit Magic Words kombinieren

Meine drei persönlichen Beispiele:

1. ....
2. ....
3. ....

NEGATIVES ZU POSITIVEM UMDEUTEN

Negatives hat auch positive Seiten – nur der Blickwinkel entscheidet!

Jedes Wort zählt und kann im entscheidenden Moment den Ausschlag geben. Daher sollten Sie auch die Worte Ihrer Gesprächspartner sehr bewusst beachten. Sie verraten Ihnen sehr viel über die Lebenseinstellung Ihres Gegenübers wie beispielsweise Optimismus oder Pessimismus, Offenheit oder Skepsis und über deren Interesse, Zustimmung oder Ablehnung. Wenn Sie nicht darauf eingehen, geraten Sie mit Ihren Argumenten schnell in eine Sackgasse. Wie bei der Nutzensprache müssen Sie manchmal auch die Worte anderer in eine positivere Richtung übersetzen. Dadurch geben Sie den Gedanken Ihrer Gesprächspartner den klaren Impuls und den befreienden Spielraum, mit den negativen Worten etwas völlig Neues, Konstruktives und Positives zu verbinden.

Spricht Ihr Gegenüber zum Beispiel immer wieder von »schwierig«, dann verneinen Sie dies nicht, sondern sagen Sie lieber: »Ja, es ist nicht *leicht*/nicht *einfach*.« Erinnern Sie sich noch? Alles, was auf eine Negation folgt, kommt im Gehirn nicht an. Während Sie mit Ihren Reaktionen dem anderen scheinbar zustimmen, senden Sie an ihn und an sein Unterbewusstsein dennoch die positive Botschaft: »leicht«, »einfach«. Ähnlich verhält es sich, wenn

Ihr Gegenüber immer wieder sagt: »Das kann ich nicht!« Dann erwidern Sie darauf beispielsweise: »Ja, das kannst du *jetzt vielleicht noch* nicht.« Das bewahrt ihm zumindest die Hoffnung.

Es gibt zwei Formen des Umdeutens: Sie können entweder die Bedeutung des Wortes selbst oder dessen Zusammenhang verändern. Schauen wir uns die beiden Formen des Umdeutens anhand von zwei typischen Situationen an:

Umdeuten der Bedeutung
Hier übersetzen Sie den negativen Begriff in eine positive Bedeutung.
Beispiel 1: »Die Schokolade ist ganz schön *teuer*!«
Reaktion: »Ja, die ist bewusst *nicht so günstig* wie andere. Wir wollen eine *exklusive Zielgruppe* ansprechen.«
Beispiel 2: »Das Auto ist in einem *schlechten Zustand!*«
Reaktion: »Ja, daher ist es auch *ein echtes Schnäppchen.*«

Umdeuten des Zusammenhangs
Sie verändern nur den Kontext, in dem der Einwand des anderen auftritt, also die Situation, den Bezug oder den Zeitrahmen.
Beispiel 1: »Die Schokolade ist ganz schön *teuer*!«
Reaktion: »Ja, das stimmt. Und als Geschenk für Sie oder Ihren Partner ist es sicher *der richtige Rahmen.*«
Beispiel 2: »Das Auto ist in einem *schlechten Zustand*!«
Reaktion: »Ja, und daher es ist für Sie als Sammler eben auch *ideal zum Restaurieren.*«

FAZIT: »Schwierig« bleibt schwierig, ein »Das kann ich nicht« wird schnell zum unveränderbaren, negativen Glaubenssatz. Greifen Sie ein, und helfen Sie Ihrem Gegenüber, das Ganze hoffnungsvoller, positiver und aus einem völlig neuen Blickwinkel zu sehen. Verändern Sie dazu entweder die Bedeutung des Begriffs selbst, zum Beispiel »teuer« in »exklusiv«, oder ändern Sie den Zusammenhang, also die Situation, den Zeitrahmen oder Bezug, und sagen Sie statt »in schlechtem Zustand« lieber »ideal zum Restaurieren«. So machen Sie es Ihrem Gegenüber leicht, sich von festgefahrenen Meinungen zu lösen und neue Gedanken und Chancen zuzulassen. Es wird es Ihnen danken. Und Ihr Gesprächserfolg auch!

Übung: Wertvolle Umdeutungen aktiv nutzen

Umdeutungen »von negativ zu positiv« bergen ein tolles Potential, um den Blickwinkel anderer zu verändern und völlig neu auszurichten. Damit machen Sie aus »alt« ⇢ »bewährt«, aus »unbekannt« ⇢ »neu«.

Bei welchen Negativformulierungen ertappen Sie sich/andere regelmäßig? Ändern Sie dies, und üben Sie anhand der unten aufgelisteten Begriffe das Umdeuten:

Positive Umdeutungen für Ihre tägliche Praxis

aber/trotzdem	⇢ und, dennoch, jedoch
alt	⇢ bewährt, erprobt, sicher
Angst	⇢ Unbekanntes
das kostet	⇢ das bringt/hat Nutzen
Fehler machen	⇢ (neues) Dazulernen, offen sein
hoher Preis/teuer	⇢ Qualität, Exklusivität/preiswert
knapp	⇢ begehrt, exklusiv, ausreichend
kompliziert	⇢ facettenreich, vielschichtig
Kosten	⇢ Investitionen, Zukunftssicherung
Krankheit	⇢ Zeit, Ruhe, Erholung, Abschalten
merkwürdig	⇢ besonders, individuell
nein!	⇢ so nicht/jetzt nicht!

nie gehört	⇢ neu, aktuell
nur/erst	⇢ bereits, schon, immerhin
Problem	⇢ Gelegenheit, Chance, Herausforderung
schlicht	⇢ angemessen, einfach, ergreifend
schwierig	⇢ nicht einfach, anspruchsvoll, herausfordernd
unbekannt	⇢ neu, jung, aufstrebend, ein Geheimtipp
unerreichbar	⇢ motivierend, großes Ziel, hohes Niveau
zu neu/zu klein	⇢ aktuell, innovativ, fokussiert, spezialisiert

FEHLENDE INFORMATIONEN, ABSICHTEN UND GRENZEN

Sprache ist nur ein Teil der Wahrheit: Das Entscheidende fehlt oft! Denn unsere Sprache ist nur der meist gutgemeinte Versuch, andere Menschen an unseren wahren Gedanken, Motiven und Gefühlen teilhaben zu lassen. Und so sind auch die Worte Ihres Gesprächspartners oft nur ein Teil der Wahrheit – ein grober Ausschnitt dessen, was ihn im tiefsten Inneren gerade gedanklich beschäftigt und emotional bewegt. Äußerst hinderlich und manchmal richtig schädlich für Ihre Kommunikation mit anderen wird es, wenn die reduziert mitgeteilten Informationen und Emotionen zu tiefgreifenden Fehldeutungen und folglich zu gefährlichen Missverständnissen führen. Dann tappen Sie schnell im Dunkeln, wissen nicht, worum es wirklich geht und weshalb Ihre Argumente beim anderen nicht ankommen.

Doch Sie haben die Gegenmittel, die schnell Licht ins Dunkel bringen, dafür bereits in der Hand: Sie können sehr genau hinhören und auf den Ton des Gegenübers achten. Darüber hinaus können Sie seine Botschaften ganz präzise erfragen, die fehlenden beziehungsweise uneindeutigen Informationen und Emotionen heraushören durch

- unspezifische Verben
- unspezifische Substantive
- Verallgemeinerungen

- Regeln
- Vergleiche.

Denn Menschen liefern auch über ihre Sprache – nicht nur durch Ihre Emotionen – eindeutige Indizien dafür, was gerade in ihnen vorgeht.

Unspezifische Verben führen schnell in die Irre: Sie beschreiben Handlungen des anderen, die wir leicht missverstehen und damit ganz anders interpretieren können, als diese gemeint waren. Zum Beispiel:

»Ich bin dagegen aktiv *vorgegangen.*«

»Wir sollten entschlossen *handeln.*«

»Ich werde das Übliche *tun.*«

Was bedeutet »vorgegangen, handeln, tun«? Sie wissen es nicht!

Unspezifische Substantive sind ebenfalls vollkommen abstrakt, nicht eindeutig, lassen daher eben auch viele unnötige Interpretationen zu:

»Wie nehmen diese *Herausforderung* an!«

»Sie haben unser *Ziel* nicht erreicht!«

»Letztendlich entscheidet Ihr *Erfolg*!«

»Herausforderung, Ziel, Erfolg« – das kann nun wirklich alles sein!

Klären Sie unspezifische Verben und Substantive bitte mit Fragen wie

»Wie meinen Sie das?«

»Was genau meinen Sie mit ...«

»Was genau heißt für Sie ...«.

Erst dann erfahren Sie wirklich die ganze Wahrheit über die Handlung, die Inhalte, Absichten und ... die Emotionen Ihres Gegenübers – vor allem wenn Sie auch hier ein Zauberwörtchen nutzen: nämlich das besonders präzisierende Wörtchen »genau«.

Regeln sind feste Gewohnheiten, die uns den Alltag erleichtern sollen. Sie werden allerdings schnell zu selbstauferlegten und selbstbeschränkenden Grenzen beziehungsweise Glaubenssätzen, die uns am Handeln, an unserer persönlichen Weiterentwicklung hindern und uns damit die Zukunft verbauen. »Ich kann nicht« oder »Ich muss ...« bedeutet leider oft, dass überhaupt nichts Neues mehr ausprobiert wird, dass alles so bleibt, wie es ist. Unsere Sprache ist voll von solchen Zwängen, Pflichten und Regeln. Wörter wie »müssen«, »sollen«, »kann nicht« zeugen davon, dass wir etwas nicht gerne oder nicht freiwillig tun. Möglicherweise auch, dass wir glauben, keine Wahl oder je eine Chance zur Veränderung zu haben. Oder, dass wir es uns einfach nicht zutrauen, es nicht wagen.

»Ich *kann* das nicht.«

»Ich *sollte* das nicht tun.«

»Ich *muss* noch einmal darüber schlafen.«

Was steckt wirklich dahinter: Sind es eigene, negative Erfahrungen, die Meinungen anderer oder einfach negative, selbstbeschränkende Glaubenssätze? Ergründen Sie das wahre Motiv des Verhaltens Ihres Gegenübers. Finden Sie heraus, woran es liegt.

Fragen Sie:

»Was würde geschehen, wenn Sie ...?«

»Was genau hält Sie davon ab ...?«

»Was genau befürchten Sie?«

»Gab es eine Situation, in der Sie sich anders verhalten haben?«

»Was können wir tun, damit Sie ...?«

Verallgemeinerungen sind festgefahrene Meinungen und Grenzen. Aus einer oft sogar nur einmaligen (Negativ-) Erfahrung werden klare Schlüsse und schwere Konsequenzen für alle ähnlichen Situationen in der Zukunft gezogen.

Dies führt zu starken Einschränkungen in der Wahrnehmung, im subjektiven Erleben und somit im gesamten persönlichen Verhalten. Die Einstellung »nie«, »immer«, »alle«, »jeder«, »keiner« sorgt dann garantiert dafür, dass es auch so bleibt!

»Das schaffe ich *nie*!«

»Du kommst *immer* zu spät!«

»Das weiß doch *jeder*!«

Klären Sie solche Verallgemeinerungen bitte mit Fragen, wie

»Was hält Sie davon ab, es zu versuchen?«

»Was genau meinst du mit immer?«

»Was/Wen genau meinst du mit jeder?«.

Oder einfach mit: »Wirklich nie/immer/jeder?«

Vergleiche sind die Grundlage vieler Entscheidungen, äußern sich durch Begriffe wie »besser, schneller, leichter, teurer als«. Die Frage ist nur, ob der Vergleich wirklich fair und für uns nützlich ist oder ob wir eher Äpfel mit Birnen vergleichen. Denn hinkt unser Vergleich, dann machen wir automatisch uns oder anderen das Leben unnötig schwer.

»Das geht wirklich besser.«

»Sie sind erheblich teurer!«

»Das fällt mir viel leichter!«

»Besser, teurer, leichter« – im Moment ist es lediglich eine qualitative Aussage. Wirklich interessant ist doch zu wissen, um wie viel es geht und mit wem oder womit verglichen wird.

Dies erfahren Sie mit Fragen wie

»Was genau meinen Sie mit besser/teurer/leichter?«,

»Womit genau vergleichen Sie mich/uns/sich selbst?«,

»Um wie viel meinen Sie ...?«.

Erst durch solche Fragen lernen Sie den Maßstab beziehungsweise die Güte des Vergleichs kennen und erfahren auch, über welche Größenordnung der andere spricht. Sind es kleine Unterschiede? Geschenkt! Doch sind es Welten im Kopf des anderen, dann werden Sie bitte sofort tätig: als Gefühlsmanager!

FAZIT: Fehlende Informationen, unklare Motive und einschränkende Glaubenssätze durch Verallgemeinerungen, Regeln und Vergleiche sind ein Grundübel unserer Kommunikation. Oft geschehen sie aus reiner Gewohnheit und Fahrlässigkeit im Umgang mit unserer Sprache. Manchmal jedoch verbergen sich auch (geheime) Wünsche, Absichten, Ziele und Grenzen dahinter. Wichtig für Sie: Es gilt zu klären, ob dies aus reiner Bequemlichkeit oder mit Absicht geschieht. Besondere Vorsicht ist bei jeglichen Regeln, Verallgemeinerungen und Vergleichen geboten – denn wenn diese von Ihnen missachtet und nicht positiv aufgelöst werden, können sie all Ihre emotionalen Absichten rasend schnell zunichtemachen. Weil Ihr Gegenüber nicht offen dafür ist. Dann schürfen Sie bei ihm nur an der Oberfläche, und auch Ihre emotionale Sprache berührt es nicht. Daher gilt hier: Mehr Information für mehr Emotionen!

IHRER SPRACHE EINE WERTVOLLE DIÄT GÖNNEN

Ihre emotionale Sprache und Sprechweise wird immer dynamischer, kraft- und wirkungsvoller, je konsequenter und begeisterter Sie die bisherigen Lektionen anwenden. Dadurch hebt sie sich entschieden ab von vom heutigen verbalen Einerlei vieler Menschen. Denn ihre Sprache ist oft von unreflektierten, nutzlosen Angewohnheiten durchsetzt, die ihre Aussagen vernebeln und sie viel Wirkung einbüßen lassen. Manchmal zeigen die vielen negativen Unwörter und leidigen Killerphrasen ihre wahren Emotionen, ihre Ziel- oder Lustlosigkeit.

Wie geht es Ihnen selbst damit? Finden auch Sie in den nun folgenden Auflistungen Ihre ganz persönlichen, liebgewonnenen Unwörter und Killerphrasen wieder? Machen Sie bitte Schluss damit, denn diese Wörter passen nicht mehr zu Ihnen und zu Ihrer neuen emotionalen Sprache. Und auch hier gilt: Die Dosis macht das Gift!

Die Top-10 der Unwörter

1. äh, ähm
2. aber, ja aber (trotzdem)
3. man (könnte, sollte)
4. eigentlich
5. trotzdem
6. müssen (ich muss, sie müssen ...)

7. würde sagen, meinen, denken
8. Problem, kein Problem ...
9. nicht (schlecht, schwierig und so weiter)
10. jeder, alle, nie, keiner, immer.

Die 25 typischen Killerphrasen

Vermeiden/reduzieren Sie bitte:	*Sagen Sie viel lieber:*
Ich muss/sollte/könnte/versuche ...	Ich will/möchte/werde ...
Ich kann nicht ...	Ich kann noch nicht/versuche es
Ich weiß es nicht.	Ich kläre das gerne.
Das glaube ich nicht!	Sind Sie sicher?
Sie verstehen mich falsch.	Ich habe mich unklar geäußert.
Sie müssen entschuldigen!	Bitte haben Sie dafür Verständnis.
Wenn ich mal ...	Sobald ich ...
Man könnte mal probieren, ob	Ich werde ... angehen/tun
Eigentlich könnte man ...	Ich/Wir sollten/können ...
Nein!	So nicht, jetzt nicht
Doch!	So nicht, jetzt nicht
Falsch!	So nicht, jetzt nicht
Das kann nicht sein!	Das kenne ich so nicht!
Aber/ja, aber/ja, aber trotzdem	Und *(oder lieber nichts)*
Man könnte ...	Ich, du, Sie, wir können/werden
Das ist kein Problem	Gerne/ja/natürlich
nicht schlecht/schwierig/falsch	gut/einfach/richtig

Ich soll Sie zurückrufen.	Sie erwarten meinen Rückruf.
Gefällt Ihnen das nicht?	Was genau gefällt Ihnen nicht?
Wir haben, bieten, können, sind ...	Sie nutzen, sparen, erzielen ...
Das ist ein Problem!	Das ist eine echte Herausforderung!
Ich will Sie nicht stören ...	Wann haben Sie Zeit für ...?
Verstehen Sie mich nicht falsch!	Verstehen Sie mich bitte richtig!
Bitte vergessen Sie nicht ...	Bitte denken Sie daran!
Äh, eigentlich, ehrlich gesagt	Lieber nichts!

MUT ZUR VERBINDLICHKEIT UND ZU KLAREN POSITIONEN BEWEISEN

Emotionale Sprache ist keine Technik, sondern eine innere Haltung. Es ist Ihre ganz bewusste, positive Lebenseinstellung – voller Neugier, Interesse, Offenheit, Einfühlungsvermögen, Leidenschaft und Mut zur Verbindlichkeit und zu klaren Positionen! Die letztgenannten Eigenschaften sind sogar eine der Quellen emotionaler Sprache, denn sie verfolgt stets die Absicht, individuell auf das Gegenüber einzugehen, es emotional abzuholen und mitzureißen, ein Ziel vor Augen zu haben und dieses durch Verbindlichkeit und klare Positionen zu erreichen.

Es geht um eine zielbewusste, souveräne innere Einstellung und Haltung, die anderen stets ein gutes Gefühl, sehr viel Zuverlässigkeit und Sicherheit bietet und immer auch beide Seiten gut dastehen und alle Beteiligten gewinnen lässt.

Verbindlich zu sein und vor anderen Menschen eine klare Stellung zu beziehen bedeutet nicht, im Gegensatz zur landläufigen Meinung, das häufig leider typische Gegeneinander, die Machtkämpfe, das verbal grobe Bedrängen oder egoistisch motivierte Durchsetzen der eigenen Position. Ihr Mut zur Verbindlichkeit und zu einer klaren Positionierung bürgt geradezu für Klarheit, Zuverlässigkeit, mehr gegenseitiges Wohlwollen und Verständnis und somit für ein echtes Miteinander. Lauter äußerst wertvolle, heute leider selten gewordene emotionale Qualitäten – und doch das, was wir alle lieben!

FAZIT: Haben Sie den Mut zur Verbindlichkeit und zu klaren Positionen! Sagen und zeigen Sie klar, was Sie wollen, meinen und glauben – und was nicht! Es lohnt sich: Ehrlichkeit und Wahrhaftigkeit machen Sie erkennbar, zuverlässig und sorgen für Vertrauen, wenn Sie dabei auf Ihren Ton und Ihre Emotionen achten!

Übung: Das Fazit-Training!

Verbindlichkeit und klare Positionen brauchen eine gehörige Portion an Mut und Selbstbewusstsein, innerer Klarheit und konkreten Zielsetzungen, das richtige Timing und ein dazu passendes Verhalten. Darüber hinaus die richtigen Worte, die dies deutlich und eindeutig zum Ausdruck bringen. Die Kunst besteht darin, den Kern Ihrer Botschaften klar herauszuarbeiten und deutlich zu machen, statt sie mit vielen Worten zu umschreiben! So wie dies auch im jeweiligen »Fazit« erfolgt ist. Üben Sie das jetzt: Wählen Sie zwei wichtige Ziele oder Themen aus, und reduzieren Sie sie auf sehr wenige klare Worte.

Mein persönliches Fazit-Training:

1. ....
   ....
2. ....
   ....

FAZIT: Die starken Emotionsbooster

Das waren die mächtigen und effektiven Emotionsbooster, durch die Sie aus der Masse herausragen und Menschen nachhaltig in den Bann ziehen, begeistern und überzeugen. Das Beste für faszinierend wirkungsvolle, erfolgreiche Gespräche jeglicher Art.

Doch keiner dieser Erfolgsfaktoren entfaltet für sich allein eine optimale Wirkung. Missachten Sie einen davon, dann nutzt es oft nicht, wenn Sie andere gekonnt nutzen. Denn erst die konsequente Beachtung, Anwendung und Kombination der einzelnen Emotionsbooster ergibt die ersehnten, mächtigen Synergieeffekte. Erst die Summe aller verbalen und nonverbalen Mittel ist wirklich großartig. So bringt es zum Beispiel wenig, wenn Sie zwar genau auf die Wahrnehmung Ihres Gesprächspartners achten, jedoch die einfachsten Grundlagen, das Einmaleins der gelungenen Kommunikation, missachten, indem Sie ihn vielleicht nicht ausreden lassen. Oder Sie voller Enthusiasmus die besten positiven Emotionen in Ihr Gespräch tragen und sich in Ihrem Redefluss so hinreißen lassen, dass Ihr Gegenüber nicht mehr zum Zug kommt und sich dadurch zunehmend unwohl in Ihrer Gegenwart fühlt.

Fest steht: Den wahren Schatz emotionaler Sprache werden Sie erst dann für sich entdecken und die volle Wirkung dieser so mächtigen Sprache zu 100 Prozent erzielen, wenn Sie jeden dieser Emotionsbooster aus tiefster Überzeugung als gleichwertig und wichtig anerkennen, verinnerlichen und anwenden.

Ohne Wenn und Aber! Sind Sie bereit? Dann legen Sie einfach los!

DIE CHAMPIONS LEAGUE EMOTIONALER SPRACHE

AUF DEM WEG ZUR MEISTERSCHAFT

Das Training ist vollbracht – die Tore müssen Sie jetzt selber schießen. Haben Sie es bemerkt? Wir nähern uns dem Finale in diesem Buch! Viele gemeinsame Seiten, Beispiele und Übungen liegen hinter uns. Und ich habe Ihnen (fast) alles gegeben und gezeigt, was ich weiß und kann. Doch die entscheidenden Fragen lauten: Wie sehr haben Sie es bislang genossen? Wie tief sind Sie in das Reich Ihrer neuen, emotionalen Sprache eingetaucht? Und vor allem: Was haben Sie dazugelernt oder an Bekanntem und Bewährtem wiederentdeckt? Überlegen Sie sich das bitte kurz einmal, ehe Sie weiterlesen.

Denn genau sieben absolut faszinierende, unglaublich hochwirksame Elemente meisterhafter emotionaler Sprache fehlen noch, die mich persönlich seit langem so begeistern, dass ich sie Ihnen hier aus tiefster Überzeugung ans Herz legen will.

Diese sieben Facetten sind wirklich außergewöhnlich – doch die atemberaubenden Erlebnisse, Erfahrungen und Erfolge, die Sie dadurch genießen beziehungsweise erzielen werden, sind es auch! Diese so außergewöhnlichen Verhaltensweisen sind auf einem höheren Level als das tolle Niveau Ihrer emotionalen Sprache, das Sie bis zu dieser Stelle gelernt haben. Jetzt geht es um nichts weniger als um die Champions League der Kommunikation! Und die Teilnahme daran verlangt Ihnen, wie jedem Sportler, alles ab. Denn sie wird Ihren Mut, Ihre Kreativität, Ihre Begeisterung und Leidenschaft völlig neu herausfordern. Vor allem jedoch zählen Ihre riesengroße Neugier und Lust darauf. Sind Sie jetzt bereit dazu? Dann erleben Sie es doch einfach selbst.

1. Die Energien anderer positiv nutzen

Energie kann nicht vernichtet, jedoch völlig falsch genutzt werden.

Eines der drei Highlights, das den Erfolg Ihrer emotionalen Sprache noch einmal deutlich beschleunigen kann, ist, die Energien anderer zu nutzen.

Natürlich widerspricht dies zunächst einmal unserem oft gewohnten und genau gegenteiligen Verhalten in der Kommunikation. Doch Sie kennen es aus den bekannten fernöstlichen »Martial Arts«, den asiatischen Kampfkünsten, in denen stets die Kraft und Energie des anderen genutzt wird. Das funktioniert auch in Ihrer Kommunikation, indem Sie umdenken und nicht gegen, sondern mit den Worten des Gegenübers argumentieren.

Der typische Verlauf:
A: »Das ist das Wichtigste für uns.«
B: »Nein, das sehe ich völlig anders.«

Jetzt die Energie aufgreifen:
A: »Das ist das Wichtigste für uns.«
C: »Ja, das stimmt. Es ist genauso wichtig wie ...«

A: »Ich kann das viel besser als Sie.«
B: »Das stimmt doch überhaupt nicht.«

C: »Ja, Sie können das. Vielleicht sind wir gemeinsam am besten?«

FAZIT: Nutzen Sie die Energie anderer, greifen Sie deren Dynamik und Ton, ihre Worte *und* Körpersprache auf, und suchen Sie eine neue verbindende Lösung! Denn so können die anderen Ihnen kaum entkommen.

2. »Be different«: Anders, mutig und kreativ sein

Den Normalen gehört die Welt – die Einfallsreichen bestimmen sie.

In der allerhöchsten Liga emotionaler Sprache mitzuspielen bedeutet auch, aus der Masse der verbalen Wettbewerber herauszuragen, anders zu sein und positiv aufzufallen. Damit meine ich nicht irgendwelche Verkleidungskünste, sosehr ich Ihnen einen besonderen Kleidungsstil auch gönne, falls Ihnen dies wichtig ist. Denn auch dies ist natürlich ein Weg, um aufzufallen, wie z. B. bei Thomas Gottschalk.

Ich meine, dass Sie durch Ihre Sprache, Sprechweise und Ihr gesamtes Verhalten als außergewöhnliche Persönlichkeit wirken sollten. Doch dies wird nur möglich, wenn Sie etwas mehr wagen als die meisten. Dazu braucht es nicht viel, die Messlatte liegt ziemlich niedrig.

Hier einige Tipps und Anregungen, um aufzufallen und anders zu sein:

- Höflichkeitsfrage stellen: Wie viel Zeit wollen wir uns nehmen?
- Nontalk praktizieren: Ankommen, hinsehen, abwarten, schweigen.

- ▷ Ausdrücklich loben: Was fällt Ihnen am anderen auf?
- ▷ Sich herzlich bedanken: Dafür, dass der andere Zeit für Sie hat.
- ▷ Wahre Präsenz zeigen: Lassen Sie andere spüren, dass Sie da sind.
- ▷ Blickkontakt üben: Für tiefe Begegnung der Blicke sorgen.
- ▷ Mensch sein: Sich mit allen Ecken und Kanten zeigen.
- ▷ Privat sein: Auch mal kurz ein privates Thema einstreuen.
- ▷ Menschen beachten: Erst zählt das Gegenüber, dann das Thema.
- ▷ Emotional sein: Interesse, Begeisterung und Leidenschaft zeigen.
- ▷ Ehrlich sein: Sagen, was Sie können – und auch was nicht.
- ▷ Kreativ sein: Warum nicht mal mit dem Ergebnis beginnen?

3. »Be crazy«: Auflockern und ad absurdum führen

Wenn nichts Sinnvolles mehr hilft – dann hilft eben nur das Verrückte.

Kennen Sie die Momente, in denen scheinbar nichts mehr geht, Sie mit Ihrem Latein am Ende sind und dennoch Eile geboten ist? Wenn zum Beispiel ein Kunde Sie mit einer unverschämt hohen Rabattforderung brüskiert oder der Chef Sie vor versammelter Runde unfair bloßstellt und attackiert. Dann schlägt der Puls sofort höher, Ihre Gedanken kreisen wie wild, und Sie suchen verzweifelt nach einer spontanen Lösung, um Ihr Gesicht zu wahren. Doch die fällt Ihnen erst später ein, wenn der Stress in Ihnen abgeklungen und alles vorbei ist. Jetzt haben Sie die Wahl: Sie können natürlich die (geheimen) Wünsche und Absichten Ihres Gegenübers erfüllen, ins Stottern kommen, sprachlos werden und sich gehörig blamieren – das, was Sie in Ihren schlimmsten Träumen befürchten. Oder Sie tun genau das Gegenteil, erfüllen seine Erwartungen nicht, sagen etwas völlig Überraschendes: Sie nutzen die Energie des Gegenübers, spielen den Ball federleicht zurück, führen das Ganze einfach ad absurdum und verwundern beziehungsweise verwirren Ihren Angreifer. Und bringen ihn damit in die Rechtfertigungsposition, jetzt muss er reagieren oder nachfragen, sonst steht er selbst dumm da. Das bringt Sie in eine gute Ausgangsposition, verschafft Ihnen die dringend benötigte Zeit zum Durchatmen und gibt Ihnen schnell Ihre Souveränität zurück.

Beispiel Kunde
Kunde: »Ich brauche von Ihnen 35 Prozent Nachlass!«
Ad absurdum: »Gerne. Lassen Sie uns doch gleich 50 Prozent vereinbaren.«
Kunde: »Wie meinen Sie das?« (völlig verwundert, 1. Nachfrage)
Sie: »Nun, wir liefern einfach nur die Hälfte!«
Kunde: »So habe ich das nicht gemeint.«
Sie: »Aha, wie denn?«

Beispiel Chef:
Chef: »Also, was Sie da gemacht haben, das war völlig inkompetent!«
Ad absurdum: »Ja, genau darum geht es.«
Chef: »Was meinen Sie damit? Das verstehe nicht.« (verwundert)

Sie: »Finden Sie mich inkompetent? Oder meine Lösung?«
Chef: »Na ja, ich meine natürlich Ihre Lösung. Nicht Sie generell.«
Sie: »Sehen Sie, das meine ich. Ich brauche dazu auch Ihren Rat.«

Und hier noch ein persönliches Beispiel aus meiner beruflichen Praxis. Manchmal, wenn auch mittlerweile sehr selten, werde ich von Kunden mit Rabattforderungen konfrontiert. Darüber freue ich mich, weil es mir die Gelegenheit gibt, meine Kreativität auszuleben.

Kunde: »Wir brauchen 25 Prozent Rabatt, dann haben Sie den Auftrag!«
Ich: »Den würde ich gerne geben. Leider bin ich Verkaufstrainer!«
Kunde: »Aha ...O.k. ... Ja, gut, ich verstehe, was Sie meinen«

Kunde: »Wir brauchen 25 Prozent Rabatt, dann haben Sie den Auftrag!«
Ich: »Gerne, das bringe ich dann auch Ihren Verkäufern bei.«
Kunde: »Nein, auf keinen Fall! Wir wollen doch hohe Preise erzielen.«
Ich: »Warum wollen Sie dann einen Verkaufstrainer, der sich selbst nicht verkaufen kann und Ihnen Rabatte gibt?«

FAZIT: Wenn einmal gar nichts mehr geht, dann führen Sie es doch einfach ad absurdum. Sie werden sehen, der andere ist verwundert oder sogar verwirrt, wird nachdenklich, rudert oft zurück und äußert plötzlich Verständnis. Die beste Basis für das weitere Gespräch!

4. Versteckte Botschaften senden

Gesprächsziele positiv einbauen: Gut versteckt ist halb gewonnen. Erfolgreich emotional zu kommunizieren bedeutet immer auch, Ihrem Gespräch mit dem Gegenüber eine positive, gewünschte Richtung zu geben. Oft kann dies völlig offen geschehen, manchmal jedoch ist es sinnvoller oder sogar notwendig, diplomatisch zu sein und heimlich durch versteckte Botschaften nachzuhelfen. Durch präzisierende, eine positiv-konstruktive Erwartung vorgebende Schlüsselbotschaften, die den Erfolg Ihres angestrebten Ziels und den weiteren Gesprächsverlauf deutlich beschleunigen können. Durch mächtige Informationen, die es in sich haben und die Sie scheinbar nebenbei, mit größter Selbstverständlichkeit, mitsenden.

Hier ein paar konkrete Beispiele:

»Wie wollen wir *die letzten 10 Minuten* am besten nutzen?«

»Was sind *die drei wirklich wichtigsten* Punkte?«

»Bevor Sie sich *dafür entscheiden* ...«

»Gleich nachdem *Sie mir gesagt haben* ...«

»Sobald wir *uns einig sind*, können wir ...«

Diese Formulierungen enthalten gut eingebettete, präzisierende und positiv vorformulierte Informationen, die dem Gespräch eine ganz klare Richtung vorgeben.

FAZIT: Versteckte Botschaften sind mächtige, verdeckte Appelle an Ihr Gegenüber. Sie drücken Ihre Erwartungen oder Wünsche aus, ohne dass Sie diese undiplomatisch äußern oder einfordern müssen, verleihen dem Gespräch mehr Dynamik – und helfen Ihrem Weg zum Ziel!

5. Geheime Befehle wirken

Nutzen Sie die Macht des Unterbewusstseins: 70 bis 90 Prozent landen dort!

Eine weitere, faszinierend wirksame Form der Kommunikation beflügelt den Verlauf, die Dynamik und letztendlich die Resultate der zwischenmenschlichen Begegnungen: geheime, verneinte Befehle! Es sind die mit voller Absicht verneint formulierten Argumente, die ganz bewusst hinter einem »Nicht« verborgenen Schlüsselbotschaften. Sie sind das Gegenteil der sonst meistens unbewusst und oft sogar zu unserem Nachteil genutzten, bereits angesprochenen Negationen wie zum Beispiel »nicht stören« oder »nicht ärgern«. Sie erinnern sich: Unser Gehirn kann mit einem »Nicht« nichts anfangen und lenkt Ihre Gedanken dann auf das, was zuvor verneint wurde. Mit geheimen Befehlen setzen Sie Negationen bewusst zu Ihrem Vorteil ein.

Hier einige Beispiele:

»Denken Sie bitte *nicht* an *die vielen Vorteile.*«

»Sie müssen sich *nicht sofort entscheiden.*«

»Ich möchte *nicht*, dass Sie mir *jetzt gleich zustimmen.*«

»Ich weiß *nicht*, ob ich Sie *zu großen Leistungen anspornen* kann.«

»Entscheiden Sie sich *nicht*, ehe Sie *ein richtig gutes Gefühl haben.*«

»Denken Sie bitte *nicht sofort an Ihre wertvollen Chancen.*«

»Versuchen Sie bitte *nicht, alles sofort zu verstehen.*«

FAZIT: Nutzen Sie geheime Befehle als gezielt eingesetzte Negationen, um Ihre hochwirksamen, steuernden

Botschaften im Unterbewusstsein des Gegenübers zu platzieren und scheinbar Verneintes, anscheinend nicht Gewolltes dort wie beabsichtigt ankommen zu lassen.

Übung: Versteckte Botschaften und geheime Befehle einsetzen

Denken Sie jetzt bitte an ein anstehendes Gespräch, das Ihnen Ihre ganze Überzeugungskraft abverlangen wird: die Diskussion mit Ihrem Partner über das nächste Urlaubsziel, ein Statusgespräch mit einem Ihrer Kollegen oder Mitarbeiter, ein Verkaufsgespräch mit einem Ihrer Kunden.

Welche versteckten Botschaften oder geheimen Befehle könnten Ihnen weiterhelfen? Nehmen Sie meine Beispiele gerne als hilfreiche Vorlage für Ihre persönlichen Formulierungen mit versteckten Botschaften und geheimen Befehlen:

Meine drei persönlichen Beispiele:

1. ....
2. ....
3. ....

6. Typgerecht kommunizieren

Achten Sie auf die Blicke und Worte Ihres Gegenübers.

Die Sprache Ihres Gegenübers verrät Ihnen sehr viel darüber, welchen »Typ« Sie vor sich haben. Das kann wichtig für Sie sein, wenn Sie es in seiner Welt präzise abholen und optimal mit ihm kommunizieren wollen. Doch Vorsicht, es handelt sich nicht um Beweise, sondern um äußerst wertvolle Indizien und Informationen. Wir erfassen alles um uns herum über unsere Sinne. Wir sehen, hören, fühlen, riechen und schmecken die Welt. Jeder von uns hat eine Sinneslastigkeit, setzt einen seiner Sinne unbewusst bevorzugt ein. Das bildet sich über unsere frühkindlichen, schulischen, beruflichen und sozialen Prägungen heraus. So liegen wir zum Beispiel in unseren Breiten als Baby meistens im Bett oder im Kinderwagen, sehen oder hören unsere Eltern oft nur. In Afrika hingegen wird der Säugling von der Mutter zum Arbeiten aufs Feld mitgenommen und eng am Körper getragen. Das prägt jeweils die entsprechenden Sinne aus. Später sind es Schule, Ausbildung und Beruf, die neue Prägungen bewirken oder vorhandene verstärken. Doch deren Priorität hat Konsequenzen für unser Erleben:

Der Visuelle sieht die Welt, er braucht Bilder, Optik, liebt alles Schöne und will sehen, worüber Sie reden. Auch sein Aussehen spricht Bände.

Der Auditive achtet besonders auf Stimmen, Klänge und Geräusche. Er liebt Ihren angenehmen Ton und schöne verbale Beschreibungen.

Der Kinästhet fühlt, will alles anfassen, ausprobieren und begreifen. Geben Sie ihm die Chance. Er kleidet sich gerne leger und bequem.

FAZIT: Wichtig für Sie ist, dass dies in der Sprache und Wortwahl Ihres Gegenübers zum Ausdruck kommt. Ebenso in seinem Blick. Das haben Richard Bandler und John Grinder in ihrem Neurolinguistischen Programmieren (NLP) festgestellt. Achten Sie darauf, gehen Sie darauf ein. Denn das ist der Schlüssel zur Welt des anderen, zu seinen Werten und Emotionen.

Dies ist der einfachere Teil der typgerechten Kommunikation. Mit ein wenig Übung wird es Ihnen schnell leichtfallen, das Vokabular der Sinnestypen zu erkennen.

Visuelle Menschen benutzen gerne Vokabular wie:
- ▷ ich *sehe* das ....
- ▷ das ist *offensichtlich* ...
- ▷ das ist *klar* ...
- ▷ das kann ich mir *vorstellen*
- ▷ ich *blicke* da nicht durch
- ▷ ich bin der *Ansicht*
- ▷ ich möchte darauf *hinweisen*
- ▷ ich hätte gerne *Einblick* in
- ◊ Er *sieht* die Welt, verwendet *viele bildliche Ausdrücke.*

Auditive Typen sprechen gerne so:
- ▷ das *klingt* gut
- ▷ das *höre* ich gerne
- ▷ was Sie da *sagen,* ...
- ▷ ich meine das *Wort für Wort*
- ▷ das war doch *unüberhörbar*
- ▷ dann lassen Sie mal *hören*
- ▷ ... darauf *einstimmen*
- ▷ im *Einklang* damit ist ...
- ◊ Er *hört* die Welt, es geht ihm um *Sprache, Klang und Hören.*

Der *kinästhetische* Mensch bevorzugt hingegen folgendes Vokabular:
- ▷ das *begreife* ich nicht
- ▷ das *fühlt* sich gut an

- ▷ ich *empfinde* das anders
- ▷ *legen* Sie die Karten auf den Tisch
- ▷ das hat mich sehr *ergriffen*
- ▷ das möchte ich *hervorheben*
- ▷ ... möchte ich gerne *aufgreifen*
- ▷ Bitte etwas mehr *Fingerspitzengefühl.*

◊ Er *fühlt* die Welt, nutzt oft *gefühlsbetonte, körperliche Begriffe*

FAZIT: Worte können Ihnen aufzeigen, welchen speziellen Sinneskanal andere bevorzugen. Sobald Sie eine deutliche Häufung sinnesspezifischer Begriffe erkennen, verwenden Sie diese bitte häufiger. Dadurch »funken« Sie genau auf dem richtigen Kanal, das Gegenüber versteht Sie besser und fühlt sich von Ihnen mehr beachtet, besser verstanden und emotionaler angesprochen. Und das wirkt dann sofort! Ein einfacher Trick mit großer Wirkung.

Übung: Erkennen Sie den Wahrnehmungstyp?

Unterstreichen Sie die sinnesspezifischen Schlüsselwörter und den Wahrnehmungstyp. Die richtige Lösung finden Sie unten.

1. Das habe ich Ihnen gesagt. Aber Sie hören ja nicht zu.
   F visuell F auditiv F kinästhetisch
2. Ich begreife ich nicht, warum Sie das getan haben.
   F visuell F auditiv F kinästhetisch
3. Wenn Sie sich das ansehen, dann werden Sie erkennen ....
   F visuell F auditiv F kinästhetisch
4. Ich höre wohl nicht recht: Sie wollen sich aussprechen?
   F visuell F auditiv F kinästhetisch

5. Es ist offensichtlich, dass Sie hier nicht durchblicken.
F visuell F auditiv F kinästhetisch
6. Das berührt mich so, dass ich weiche Knie bekomme.
F visuell F auditiv F kinästhetisch

Lösung: auditiv, kinästhetisch, visuell, auditiv, visuell, kinästhetisch.

Blicke erzählen die Wahrheit

Es heißt, die Augen sind der Spiegel zur Seele. Wenn Sie anderen Menschen tief in die Augen schauen, werden Sie feststellen, dass diese sich ständig hin und her bewegen. Besonders wenn sie nachdenken und sich konzentrieren. Diese sogenannten Augenmuster können Ihnen verraten, welche Sinne andere bevorzugen. Denn ihre Blickrichtung sagt aus, auf welches Gehirnareal sie in diesem Moment zugreifen, ob Bilder, Stimmen oder bestimmte Gefühle aktiviert und abgerufen werden. Doch auch hier gilt wie bei der sinnesspezifischen Sprache: Es sind Indizien, keine Beweise! Sie benötigen viel Übung beziehungsweise Erfahrung, um diese Muster zu erkennen und richtig zu deuten.

Es ist mir aber trotzdem wichtig, Sie hier ein wenig dafür zu sensibilisieren, weil Sie dann doch den einen oder anderen Blick einfangen, die Augenmuster beachten und diese, zusammen mit Ihren Erkenntnissen aus der Sprache des Gegenübers, für die Deutung seines Typs nutzen können. Oder Sie die ersten Impulse zum spannenden Thema »Augenmuster« gleich zum Anlass nehmen, auf diesem Gebiet später durch geeignete Trainings zu einem echten Profi zu avancieren.

Beginnen wir mit den Haupt-Blickrichtungen:

- nach *oben: visuell* (Der andere sieht Bilder.)
- *geradeaus: auditiv* (Der andere hört Worte, Klänge, Geräusche.)
- nach *unten: kinästhetisch* (Der Mensch hat Gefühle.)

Und hier das Ganze als schematische Darstellung:

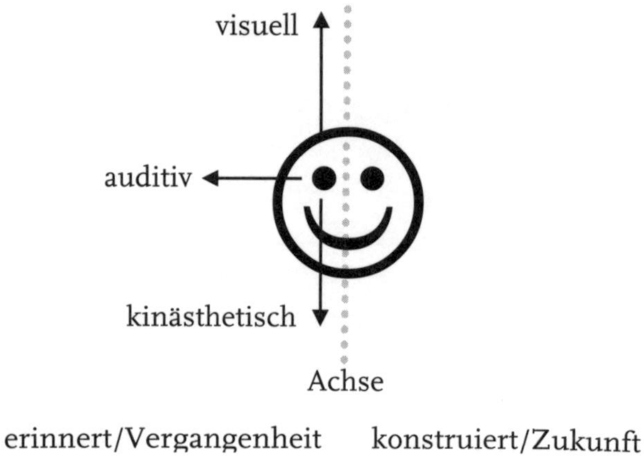

Die Wahrnehmung der Haupt-Blickrichtungen zusammen mit seinem sinnesspezifischen Vokabular dient erst einmal der Einschätzung des bevorzugten Sinneskanals. Die Augenmuster des Gegenübers liefern uns jedoch noch mehr wertvolle Detailinformationen, die im Folgenden nur kurz erwähnt werden. Wenn Sie ihre Deutung erlernen und in der Praxis anwenden wollen, empfehle ich Ihnen dazu ein geeignetes Training. Denn dies lernen Sie durch intensives Üben. Nach der Richtung geht es um die Seite, auf die der andere schaut: Blickt er auf Ihre Frage nach rechts oben, dann ist er ein visueller Mensch – und erinnert. Er sieht Vergangenes, bereits Erlebtes. Schaut er nach links oben, heißt es, dass er sich etwas zurechtlegt, was es noch nicht gibt. Das Gleiche gilt für den auditiven und kinästhetischen Typ, nur dass es da um Klänge, Geräusche, Stimmen – oder um Gefühle geht. All dies gilt aus der Perspektive des Gegenübers und für einen Rechtshänder.

FAZIT: Auch die Augenmuster des Gegenübers sind wichtige Indizien dafür, wie es die Welt wahrnimmt – und wertvolle Informationen für Ihren Gesprächserfolg. Achten Sie darauf, schauen Sie genau hin.

7. Die Macht der Marke

Wir lieben und kaufen immer wieder gerne Marken. Selbst in der heutigen Zeit der Discounter ist unser Warenkorb laut aktuellen Studien im Durchschnitt immer noch bis zu 40 Prozent mit Markenartikeln gefüllt. Discounter, die in den letzten Jahren versucht haben, sich von Markenherstellern unabhängig zu machen, indem sie Markenprodukte zu Gunsten ihrer Eigenprodukte ausgetauscht haben, haben nach deutlichen Umsatzverlusten schnell zurückgerudert. Die Rechnung ging offensichtlich nicht auf: Denn Marken sind für die Meisten von uns einfach nicht ohne weiteres austauschbar, für viele oft sogar unersetzbar! Denken Sie jetzt doch selbst an einen Markenartikel, der bei jedem Einkauf garantiert immer wieder in Ihrem Einkaufswagen landet. Wie lange kennen, lieben und kaufen Sie diesen Artikel schon? Haben Sie schon mal ernsthaft versucht, dieses heißgeliebte Markenprodukt durch eines zum Beispiel von der Firma »Ja« oder »Gut und günstig« zu ersetzen? Selbst wenn Sie tatsächlich einmal versucht haben, der Logik Ihres Verstandes zu folgen und ein günstigeres Produkt zu kaufen, dann hat sicher auch bei Ihnen sehr schnell wieder das Gefühl und damit das Markenprodukt gesiegt, oder? Warum sind für uns Marken – ob Produkt- oder Firmenmarken – so wichtig? Ganz einfach, viele Marken haben sich durch ihre ständige werbliche Präsenz, ihre früher zumindest zeitweise Alleinstellung als Erfinder beziehungsweise Erstanbieter eines Produkts und durch unseren Erstkontakt mit ihnen in unserer frühen Kindheit und die seitdem meistens regelmäßige Nutzung zutiefst in unser Unterbewusstsein eingeprägt. Sie sind für uns daher zu einer liebgewonnenen, vertrauten und oft völlig selbstverständlichen Gewohnheit geworden. Marken bedeuten für uns meistens automatisch ein Höchstmaß an Qualität und Zuverlässigkeit, an Anspruch und Design. Noch dazu kaufen wir mit Marken in der Regel auch eine ordentliche Portion an persönlicher Beachtung, also an Auffallen und Gesehen-Werden und folglich auch an Prestige. Sich eine hochwertige, exklusive Marke leisten zu können, signalisiert, dass man einen bestimmten finanziellen Status erreicht hat.

Doch Marken sind für uns noch viel mehr. Sie können für uns zu echten Freunden werden, auf die wir immer wieder gerne zurückgreifen. Wir wissen einfach, was wir an ihnen haben, und verbinden viele positive Emotionen mit ihnen. Wir haben gute Erfahrungen mit ihnen gemacht, wir glauben und vertrauen ihnen und stellen nichts an ihnen in Frage. Marken ersparen uns viele Entscheidungen, eine ganze Menge Zeit bei der Wahl des Einkaufs und das Risiko eines Fehlkaufs. Die meisten Menschen bleiben ohnehin viel lieber in der bequemen, kuscheligen Komfortzone ihrer Gewohnheiten und gehen nur ungern ein Risiko ein. Somit sind Marken wie das helle Licht am Ende des Tunnels: Sie helfen uns, gerade beim heutigen reichhaltigen Produktangebot und der Herstellervielfalt, die Orientierung zu bewahren und uns dadurch leichter im Dschungel der zigtausendfachen Möglichkeiten zurechtzufinden. Denn die überfordern unser Gehirn zunehmend, verursachen uns schnell mentalen Stress. Gehen Sie doch heute zum Beispiel einfach mal Butter kaufen. Wo früher vielleicht drei unterschiedliche Produkte im Regal lagen, sind es heute doch mindestens zehn.

FAZIT: Marken sind für uns hochemotional, sie passen zu unseren Haltungen, Werten und unserer Lebenseinstellung. Sie gehören zu unserem Leben und unseren festen Gewohnheiten. Daher müssen sie sich uns auch nicht mehr beweisen, und dies gilt oft selbst dann noch, wenn sich ihre Qualität verschlechtert hat oder es bessere Alternativen für uns gäbe. Doch die wollen wir dann meistens gar nicht in Betracht ziehen, denn Marken genießen meistens einen so festen und positiv emotionalen Stammplatz in unserem Herzen beziehungsweise Gehirn, dass die Konkurrenz kaum Chancen hat. Die Beispiele dafür kennen Sie: Denken Sie jetzt einmal kurz an Ihre Lieblingsmarkenprodukte. Hand aufs Herz: Haben Sie die Konkurrenzprodukte überhaupt einmal eines Blicks gewürdigt?

Nehmen Sie nur einmal Ihre Auto-Lieblingsmarke: Irgendwann haben Sie damit, oft aus Zufall, gute Erfahrungen gemacht, sich in Details oder das Image dieser Marke verliebt und sind an ihr hängengeblieben. Ohne jemals ein anderes Fabrikat zu testen und zu schauen, ob Ihre Marke dem überhaupt standhält. So geht es uns in den meisten Fällen mit Marken!

Ist es nicht faszinierend, wie attraktiv Marken für uns sind, was sie emotional in uns auslösen, wie sehr wir ihnen vertrauen und wie stark sie uns dauerhaft an sich binden?

Unternehmens- und Produktmarken haben stets gemeinsam:

1. hohen Wiedererkennungswert
2. emotionale Botschaft/Slogan
3. klare Positionierung.

Hoher Wiedererkennungswert: Marken erkennt man, sie heben sich deutlich ab von der breiten Masse und vom Durchschnitt der Anbieter. Sei es durch den markanten, öffentlichen Auftritt, das Produktdesign oder eine spezielle Ausrichtung und Positionierung am Markt. Selbst wenn Markenprodukte nicht so viel anderes zu bieten haben als die restlichen Wettbewerber, dann verpacken sie dies einfach als wäre es neu, anders oder besonders.

Wichtig ist, prominent zu sein, aus der Masse herauszuragen, aufzufallen. Denn unser Gehirn denkt und bewertet nicht absolut, sondern stets relativ, mit dem Erlebten oder Bekannten vergleichend. Häufig reichen schon einige kleine, vermeintlich nebensächliche Details, um im Gehirn des Kunden völlig anders, als besonders, wertvoller, attraktiver und »sexyer« zu erscheinen als die Konkurrenz. Wenn das Angebot allein dafür nicht reicht, werden andere emotionale Register gezogen.

Emotionale Botschaft/Slogan: Marken haben immer auch eine emotionale Botschaft, vermitteln Begeisterung, Leidenschaft oder die Zugehörigkeit zu einer bestimmten

Gruppe oder einem speziellen Lifestyle. Ihre präzise durchdachten und genau kalkulierten emotionalen Slogans und Werbebotschaften bleiben nicht ohne Wirkung, treffen mitten ins gewünschte Ziel und sprechen in uns ganz bestimmte Hirnregionen an. So zum Beispiel die Sicherheit, Praxistauglichkeit, Einfachheit oder Langlebigkeit. Eine wahre Wohltat für unser Balancezentrum, ein besonders wichtiges, für die meisten Menschen und deren Verhalten sogar dominantes Emotionszentrum. Wir alle kennen den tollen Slogan »Quadratisch, praktisch, gut« oder das »Oh, ich bin ja schon drin« eines großen Internetproviders.

Unser Dominanzzentrum fühlt sich von Slogans wie »Vorsprung durch Technik«, »Das Beste oder nichts« oder »Entdecke den Mann in dir« geschmeichelt. Und unser Stimulanzzentrum, das ohne Unterlass nach Neuem, Aufregendem und nach Herausforderungen Ausschau hält, liebt einfach Werbebotschaften wie »verleiht Flügel«, »Aus Freude am Fahren«, »Einfach mehr vom Tag« und »Du bist, was du erlebst«. Nicht ohne Grund waren die häufigsten Begriffe des Jahres 2016 in den neueingeführten Werbeslogans im deutschsprachigen Raum der aktuellen Wortstatistik der Datenbank slogans.de zufolge: »einfach, mehr, wir, alles, your, du, Leben, you, dein und Neue«. Dort heißt es auch: »Marken machen es ›einfach‹: Der Begriff ›einfach‹ rangierte zuvor in 2014 auf Platz 3, in 2015 bereits auf Platz 2 und stieg im aktuellen Ranking der häufigsten Werbebegriffe auf Platz 1 auf. Einfachheit ist also aktuell das Topthema und Marketingargument unserer Zeit. Unternehmen wollen mit ihren Marken und Produkten das Leben vereinfachen und der allgemeinen Überforderung entgegenwirken.«

Einfachheit ist das werbliche Schlüsselwort und die aktuelle emotionale Botschaft der Marken. Da ich um unsere tiefe Sehnsucht nach Einfachheit weiß und Ihnen dafür Lösungen anbieten möchte, habe ich diesen Begriff auch für den Titel dieses Buches aufgegriffen: *Sag es einfach emotional.*

Klare Positionierung: Marken zeigen uns auch immer ganz deutlich, wo sie stehen. Sie sind »Marktführer«, »der Spezialist für … «, oder es gibt sie seit 185 Jahren, und sie sind »Aus Erfahrung gut«. Sie helfen uns, das Produkt oder das Unternehmen ein- und unseren wichtigsten Werten und Zielen zuzuordnen. Unpräzise Äußerungen mögen wir nicht, sie verwirren uns. Wir wollen ganz klar wissen, mit wem wir es zu tun haben, wofür das Unternehmen oder das Produkt steht und welchen Nutzen wir davon haben.

Marken, die ihre Positionierung und ihre emotionale Kernbotschaft verwässern, um damit möglichst alle anzusprechen, haben auf Dauer keinen Bestand. Beliebigkeit ist heute unbeliebt und wird vom Markt beziehungsweise dem Verbraucher meistens bestraft.

FAZIT: Den erfolgreichsten Marken gelingt es: Wenn wir ihren Namen sehen oder lesen, wissen wir sofort, wofür sie stehen und welches Lebensgefühl sie versprühen.

Zur wertvollen Personenmarke werden

Was Unternehmens- und Produktmarken vermögen, das können Sie auch. Nämlich für andere Menschen ebenfalls zu einer einzigartigen, emotionalen Marke werden und all die faszinierenden Vorzüge genießen, die wir eben aufgezählt haben. Als erfolgreiche emotionale Personenmarke!

Dies gelingt Ihnen, wenn Sie all das, was Sie eben über Marken gelesen, und das, worüber wir in Bezug auf Ihre emotionale Performance geschrieben haben, aus vollem Herzen umsetzen. Wenn Sie bereit sind, als authentische Persönlichkeit aufzutreten, Ihre individuellen Ecken und Kanten zu zeigen und sich für andere dadurch erkennbar und durchschaubar zu machen und sich empathisch in die Bedürfnisse und Befindlichkeiten anderer Menschen einzufühlen. Wenn Sie den Mut haben, anders und außergewöhnlich zu sein, auch mal gegen den Strom zu schwimmen und nicht aus Bequemlichkeit oder Konfliktscheu nur Mainstream zu sein. Wenn Sie wichtige Argumente und Ziele mit so großer Begeisterung und Leidenschaft und einer solch unglaublich emotionalen, wirkungsvollen Sprache und Sprechweise vermitteln, dass Menschen fasziniert sind und sich von Ihnen magisch angezogen fühlen. Wenn Sie durch Ihre innere Klarheit auch nach außen Eindeutigkeit und Verbindlichkeit ausstrahlen und Sie sich eindeutig positionieren, Ihre Meinung kundtun und andere Menschen ganz genau wissen, wofür Sie eintreten und sich engagieren – dann sind Sie eine echte Marke!

10 Tipps, wie Sie zu einer Personenmarke werden

1. Sich klar positionieren
2. Authentisch und herzlich sein
3. Im Gespräch unglaublich präsent sein
4. Positiv auffallen, Ecken und Kanten zeigen
5. Begeisterung und Leidenschaft ausstrahlen
6. Empathisch und an Menschen interessiert sein
7. Anders sein, Unübliches sagen/tun
8. Mutig sein, neue Wege zu gehen
9. Offen, ehrlich und direkt sein
10. Spürbar verbindlich und entschlossen sein

Übung: Zu einer echten Personenmarke werden

Was sind Ihr Wiedererkennungswert und Ihre emotionale Botschaft?

A. Welches sind meine 3 größten Stärken?

1. ....
2. ....
3. ....

B. Was sind meine 3 größten »Markenzeichen« (Besonderheiten)?

1. ....
2. ....
3. ....

C. Welche emotionalen Botschaften habe ich?

1. ....
2. ....
3. ....

EINFACH UNWIDERSTEHLICH

Emotionen sind alles – doch nur die, die der andere wirklich erlebt! Jetzt wissen Sie das Wichtigste, was Sie für Ihre erfolgreiche emotionale Sprache brauchen. Legen Sie los, wenden Sie das Gelernte an, begeistern und überzeugen Sie damit Ihre Mitmenschen, und zaubern Sie ihnen ein Lächeln ins Gesicht. Das ist auch mein letztes Stichwort, denn gerne möchte ich Sie ein letztes Mal von ganzem Herzen daran erinnern, die großen drei Erfolgsfaktoren – Ihre Mimik, Ihren Blick und den Ton Ihrer Stimme – zu nutzen. Letztendlich sind sie es, die alles andere ins rechte Licht rücken und über Ihre Ausstrahlung und Wirkung entscheiden.

Nichts berührt tiefer und emotionalisiert stärker als das, was andere Menschen an Ihrem Auftreten sichtbar, hörbar und spürbar erleben. Kein noch so schönes Wort überträgt Ihre persönliche Begeisterung, Leidenschaft und Überzeugung so schnell und intensiv auf andere wie Ihre Mimik, Ihr Blick und der Ton Ihrer Stimme.

Doch ich möchte viel mehr! Ich wünsche mir von Ihnen, dass Sie sich noch etwas aus tiefstem Herzen, aus ehrlicher Überzeugung und mit wilder Entschlossenheit zu eigen machen: Ihr verzauberndes Lächeln, Ihre atemberaubenden Blicke und Ihren emotional berührenden Ton. Denn dann haben nicht nur Sie selbst, sondern alle haben etwas davon. Dann erst können wir unsere Sprache zu neuem Leben erwecken. Sie hat es verdient!

ZU GUTER LETZT: AM ENDE DES TAGES

Was bleibt am Ende des Tages? Welchem hohen Ziel haben wir uns hier gemeinsam verschrieben?

Für unsere erfolgreiche, ehrliche Kommunikation zählt meiner Überzeugung nach weniger, *was* wir sagen, tun oder erreichen wollen. Die wahre Magie, die wirklich große Kunst liegt für mich in unserer souveränen Reaktion, unserer emotionalen, empathischen Fähigkeit,

- ▷ wie positiv wir selbst mit unseren Gefühlen umgehen
- ▷ wie neugierig wir auf andere Menschen und deren Leben sind
- ▷ wie offen, interessiert, respektvoll und tolerant wir sind
- ▷ wie spontan und flexibel wir uns auf Situationen einstellen können
- ▷ wie authentisch wir sind, um für andere glaubwürdig zu sein
- ▷ wie gut wir darin sind, deren tiefes Vertrauen zu gewinnen
- ▷ wie viel Aufmerksamkeit, Beachtung, Wertschätzung wir schenken
- ▷ wie gut es uns gelingt, Menschen für uns selbst zu begeistern
- ▷ wie einfühlsam wir Menschen dort abholen, wo sie gerade sind
- ▷ wie tief wir in sie hineinblicken

- ▷ wie gut wir zu- und hinhören können, um Menschen zu verstehen
- ▷ wie schnell wir deren Stimmungen erkennen und ändern können
- ▷ wie gut es uns gelingt, Menschen emotional mitzureißen
- ▷ wie sehr wir es schaffen, andere von unseren Zielen zu überzeugen
- ▷ wie sehr wir deren Wünsche mit unseren verbinden können
- ▷ wie sehr wir für Gemeinsamkeit und Wohlwollen sorgen
- ▷ wie sehr es uns gelingt, Menschen ein gutes Gefühl zu geben!

Das »Wie« zählt. Danke, dass Sie hier dabei waren und meine große Leidenschaft teilen: die tiefe Begeisterung für emotionale Sprache!

EMOTIONALE SPRACHE IN DER PRAXIS

EIN PAAR PRAKTISCHE BEISPIELE

Jetzt möchte ich Ihnen gerne noch anhand einiger typischer Beispiele verdeutlichen, worüber wir die ganze Zeit gesprochen haben.

Beispiel 1: Der kalte Kaffee
Stellen Sie sich vor, Sie sitzen in Ihrem Lieblingscafé, wollen kurz entspannen und nippen voller Vorfreude das erste Mal an Ihrem von viel Schaum gekrönten Cappuccino, der Ihnen soeben serviert wurde. Sie hätten es auch gleich bemerken können, denn er dampft nicht ... er ist kalt! Wie reagieren Sie am besten darauf?

Diese Frage ist keineswegs ein Witz! Zu diesem Thema wurde ich vor Jahren als Kommunikationsexperte zu einer ZDF-Sendung eingeladen. Dort berichtete man mir zu meinem großen Erstaunen, wie viele Menschen sich nicht trauen, einen kalten Kaffee oder ein »medium« bestelltes, doch leider zäh gebratenes Steak zu bemängeln, das Ganze lieber stillschweigend ertragen, es verzehren und das Lokal anschließend nie wieder betreten.

Was macht diese Situation für viele so schwierig? Ganz einfach, der kalte Kaffee sorgt für Verstimmung, und aus dieser emotionalen Lage heraus trauen sich viele Menschen erst recht nicht beziehungsweise sind nicht in der Lage, freundlich-verbindlich zu reklamieren. Denn die

Enttäuschung ist groß, die Stimmung im Keller, und somit sind auch die emotionalen Verhaltensmöglichkeiten, je nach Typ, sehr eingeschränkt. Und es wird sofort mit einem Konflikt, mit Meckern und negativem Auffallen gleichgesetzt. Unser Balancezentrum wirkt!

Die typischen Reaktionen fallen meistens so aus:

1. Der Mutlose: Er schweigt, erduldet, bezahlt und geht (für immer).
2. Der Aggressive: Er ist sichtbar verärgert, lässt seiner negativen Verstimmung freien Lauf: »Herr Ober, der Kaffee ist ja kalt. So geht das nicht, bringen Sie mir den noch mal warm.«
3. Der Souveräne: Er will eine Lösung, sucht den Blickkontakt, sagt freundlich-verbindlich: »Herr Ober, danke für den Kaffee. Leider ist er kalt. Bringen Sie mir ihn doch bitte noch einmal neu.«

Welcher Typ sind Sie? Wie hätten Sie darauf reagiert? Der große Unterschied zwischen den drei oben geschilderten Reaktionen ist die Emotionalität und damit auch das Verhalten und die Sprache der Betroffenen. Sobald wir in einen emotional unklaren oder negativen Zustand kommen, sind wir nicht mehr souverän und nicht mehr Herr unserer Gefühle – und auch nicht mehr unserer Sprache. Es laufen in uns dann fast nur noch Notprogramme ab, die unserem Grundcharakter entsprechen.

Der Souveräne scheint zum Glück emotionale Kommunikation zu beherrschen. Natürlich ist wahrscheinlich auch er enttäuscht darüber, einen kalten Kaffee vorgesetzt zu bekommen. Doch er hat eine grundlegend andere Einstellung zum zwischenmenschlichen Miteinander, ist weder resigniert noch verärgert und sucht eine gute Lösung statt emotionaler Entladung. Das kann er nur, weil er Herr seiner Gefühle ist und in einem emotional stabilen Zustand bleibt. Genau das macht den großen Unterschied aus: Souverän bleiben oder uns verhalten können wir nur dann, wenn wir uns auch so fühlen. Und Sie wissen ja, wie dies geht!

Beispiel 2: Der typische häusliche Konflikt
Sie kommen nach einem langen, erfolgreichen Arbeitstag völlig erledigt nach Hause und freuen sich auf einen schönen, gemeinsamen Abend mit Ihrem Partner/Ihrer Partnerin. Doch kaum haben Sie die Tür hinter sich ins Schloss fallen lassen, da nimmt das Unglück seinen Lauf:

Partner/in: »Schön, dass du auch mal nach Hause kommst.« (laute Stimme, aggressiver Ton)
Sie: »Ja klar, ich hatte dir doch gesagt, dass es heute später wird.«
Partner/in: »Nein, hast du nicht, sonst würde ich es ja wohl jetzt nicht sagen.«
Sie: »Was ist denn dir für eine Laus über die Leber gelaufen. Klar habe ich dir das gesagt.«
Partner/in: »Und wenn schon. Ständig kommst du so spät. Mit dir kann man überhaupt nichts planen.«
Sie: »Also jetzt reicht es aber. Soll ich mich dafür entschuldigen, dass ich länger arbeiten muss?«
Partner/in: »Ach, ist ja auch egal. Dann mach heute Abend, was du willst. Ich will meine Ruhe haben und schaue jetzt in die Glotze.«
Sie: »O.k., wie du willst. Dann viel Spaß dabei. In deiner Stimmung bringt das ja ohnehin nichts.«

Nun sind beide verärgert, der Abend ist gelaufen, und keiner weiß, was wirklich passiert ist. Beide kommen nicht über das Verärgertsein und Rechthaben sowie den anhaltenden Schlagabtausch hinaus. Mit Ihrer emotionalen Sprache würde dieser Dialog völlig anders und verlaufen:

Partner/in: »Schön, dass du auch mal nach Hause kommst.« (laute Stimme, aggressiver Ton)
Sie: »Ja klar, hatte ich dir nicht gesagt, dass es heute später wird?«
Partner/in: »Nein, hast du nicht, sonst würde ich ja wohl jetzt nichts sagen.«
Sie: »Ich dachte schon. Das tut mir leid, falls ich das vergessen haben sollte. Was ist denn mit dir, fühlst du dich nicht gut? Du wirkst gestresst. Ist etwas passiert?«
Partner/in: »Ja, das kann man wohl sagen. Ich bin heute gekündigt worden. Einfach so! Das tut weh!«
Sie: »Ach du meine Güte. Warum das denn? Aber jetzt komm erst mal her und lass dich in den Arm nehmen. Das tut mir so leid für dich! Wenn du magst, lass uns hinsetzen, und erzähl mir ganz in Ruhe, was genau passiert ist. O.k.?«
Partner/in: »Ja, später gerne. Gib mir noch etwas Zeit.«
Sie: »Klar, sag einfach Bescheid, wenn du dich danach fühlst, ich bin auf jeden Fall für dich da.«

Sie sehen, ein völlig anderer und vor allem konstruktiverer und positiverer Verlauf. Und zwar aus einem einfachen Grund: Sie haben Ruhe bewahrt, sind souverän und offen geblieben. Sie haben die Negativstimmung bemerkt, gezielt hinterfragt, sich angeglichen und die Partnerin/den Partner emotional abgeholt. Und diese/r hat sofort gespürt, dass auf sie/ihn eingegangen wurde. Sie wissen jetzt auch, worum es geht, und können später gemeinsam nach einer Lösung suchen.

Beispiel 3: Die Gehaltsverhandlung
Sie haben einen Termin beim Chef, Ihre nächste Gehaltsverhandlung steht an. Sie wissen, die Lage der Firma ist gerade schwierig, nur wenige Mitarbeiter kommen in den Genuss einer Gehaltserhöhung.

	Die Gehaltsverhandlung	*Bemerkungen*
Sie:	Vielen Dank, dass Sie sich heute Zeit für ein persönliches Gespräch nehmen. Ich weiß das sehr zu schätzen.	
Chef:	Wie Sie ja wahrscheinlich bereits wissen, stecken wir gerade in einer wirtschaftlich schwierigen Lage.	Einstimmung und Würdigung/Wertschätzung
Sie:	Ja, das weiß ich natürlich. Und gerade deshalb ist es für mich wichtig, mit Ihnen über mein großes Engagement und meine Leistungen zu sprechen.	Erwartungen sollen auf ein Minimum reduziert werden.
Chef:	Wir sind mit Ihrer Leistung sehr zufrieden. Doch das ändert nichts an der aktuellen Situation. Wir müssen sparen.	Positiv, souverän darauf eingehen, damit zunächst alles offenbleibt.
Sie:	Sehen Sie, genau darüber will ich mit Ihnen heute reden.	Chef lässt nichts raus, versucht Sie klein zu halten.
Chef:	Wie meinen Sie das?	Chefstrategie unterbrechen und seine Neugier wecken.

Sie:	Nur zu sparen, das halte ich gerade im Vertrieb für gefährlich. Die Konkurrenz schläft ja nicht. Sollten wir nicht eher noch eine Schippe drauflegen?	Sparen in höhere Leistung umdeuten. Kann ein Chef schlecht ablehnen.
Chef:	Das stimmt. Wie wollen Sie das tun?	Chef interessiert
Sie:	Ganz einfach: Sie wissen, wie verbunden ich mich Ihnen fühle. Daher bin ich auch bereit, noch mehr zu leisten als bisher.	Emotionale Bindung schaffen.
Chef:	Ich dachte, Sie sind schon am Anschlag. Haben Sie noch Zeit, mehr zu tun?	Mehr Leistung = mehr Geld
Sie:	Ich denke da nicht an mehr Zeiteinsatz, sondern an eine höhere Abschlussquote. Und genau dazu habe ich tolle Ideen, über die ich mit Ihnen gleich nach der Gehaltserhöhung sprechen möchte.	Sehr offen, direkt und wirkungsvoll. Nutzen anbieten, Selbstbewusstsein zeigen, verbindlich werden.
Chef:	Das ist ja fast schon Erpressung. (lacht) Erzählen Sie mal, dann sehen wir weiter.	Erstes Positivsignal

Sie:	Das würde ich gerne. Doch was würden Sie dann von mir als Verkäufer halten? Sagen Sie bitte, welche Gehaltserhöhung halten Sie für angemessen? Ich verlasse mich da ganz auf Ihre persönliche Wertschätzung meiner bisherigen und künftigen Leistung.	Freundlich und souverän abgelehnt. Die Ehre des Chefs angesprochen, um jetzt doch zu mehr Gehalt zu kommen.
Chef:	Na ja, ich sagte ja bereits, dass es aktuell nicht so gut aussieht. Aber ich baue auf Sie und will Ihre Leistung belohnen. Was halten Sie von 5 Prozent mehr Gehalt?	Chef will Gesicht wahren, ist aber zur Erhöhung bereit.
Sie:	Dann wollen Sie nur die Ideen für 5 Prozent Umsatzsteigerung? Nicht die besten?	Bann ist gebrochen, die Stimmung gut, jetzt die Details.
Chef:	Gut. Was stellen Sie sich denn vor?	Einlenken.
Sie:	10 Prozent Gehaltserhöhung sind prima.	Klares Ziel.
Chef	In Ordnung, jetzt zu Ihren Ideen.	Ziel erreicht

EMOTIONALE KORRESPONDENZ: WER EMOTIONAL SCHREIBT, DER BLEIBT

Auch Ihre schriftliche Korrespondenz via E-Mail, WhatsApp, SMS können Sie emotional äußerst wirkungsvoll gestalten, wenn Sie sich die Zeit nehmen und ehrliches Interesse daran haben, genauer hinzuschauen, wie andere mit Ihnen kommunizieren. Welche Anrede wird verwendet? Schreibt der andere nur kurz oder sehr ausführlich? Wählt er knappe, präzise Formulierungen oder lieber lange, vielleicht sogar verschachtelte Sätze? Wie sehen seine Wortwahl und das Niveau seiner Sprache aus? Gibt es immer wiederkehrende Schlüsselwörter? Benutzt er Fremdwörter oder Fachvokabular? Wie verabschiedet er sich von Ihnen? Sehr formell oder doch eher salopp und individuell?

Auf jeden Fall sollten Sie auch in der schriftlichen Korrespondenz auf Ihre Kommunikation achten: auf die Entwicklung einer persönlichen Anrede und Verabschiedung sowie auf einen für den anderen spür- und lesbaren emotionalen Beziehungsaufbau. Dies betrifft die Wahl Ihrer Worte, das zunehmende Einbauen kurzer persönlicher Aussagen und besonders die Art und Weise, wie Sie den anderen ansprechen. Wählen Sie zu Beginn Ihrer Kommunikation noch ein »Guten Tag, Frau XY«, dann kann es kurze Zeit darauf ein »Hallo, Frau XY« und später ein »Liebe Frau XY« sein. Verabschieden Sie sich am Anfang noch mit »Freundliche Grüße«, kann es danach ein »Sonnige Grüße« sein und später in »Herzliche/liebe Grüße« gipfeln. Vermeiden Sie langweilige, stereotype Standardfloskeln wie »Sehr geehrter Herr XY« oder »Mit freundlichen Grüßen«. Das ist kraft- und wirkungslos.

FAZIT: Auch Ihre schriftliche Korrespondenz ist Ihre Visitenkarte und ein wichtiger Bestandteil Ihrer emotionalen Kommunikation. Andere sollten Sie dort wiedererkennen, sonst nützt das beste Gespräch nichts, oder neugierig darauf werden, wer ihnen auf diese besondere Art schreibt!

Übung: Emotionale Korrespondenz

Nehmen Sie zwei bis drei Ihrer typischen E-Mail-Verläufe zwischen Ihnen und Kunden, Freunden oder Bekannten. Studieren Sie diese ganz genau, achten Sie auf die Begrüßung/Verabschiedung und zusätzlich, wie persönlich, individuell und emotional diese Zeilen mit Ihrem heutigen Wissen auf Sie wirken. Hat sich im Verlauf dieser Korrespondenz etwas getan – stellen Sie eine Entwicklung im freundschaftlichen Ton und emotionalen Umgang mit dem Gesprächspartner fest? Oder bleibt der Stil der Nachrichten immer gleich?

Nehmen Sie sich nun die einzelnen Texte vor und erfüllen Sie diese mit neuem, emotionalem Leben: Verändern Sie die Anrede, so dass diese von Mail zu Mail immer persönlicher wird. Gestalten Sie dann Verabschiedungen, die eine zunehmend individuellere und speziellere Note von Ihnen haben und zeigen, wie es Ihnen gerade geht, was Sie tun und wo Sie sind, zum Beispiel »Gut gelaunte Grüße«, »Liebe Grüße aus dem Seminar« oder »Herzliche Grüße aus Berlin«.

Greifen Sie interessante oder persönliche Bemerkungen Ihres Gegenübers aus seinen letzten Mails auf, und fragen Sie nach, wie es ihm mittlerweile geht, zum Beispiel wenn es sich bei Ihnen für seine verspätete Antwort entschuldigt hat, weil es krank war.

Bauen Sie danach viele erfrischende Vitamine in die Texte ein, durch kleine Zauberwörter wie »jetzt, heute, gerade«. Überlegen Sie sich schließlich, welche private Äußerung Sie selbst einmal wagen und den anderen damit positiv überraschen könnten.

FAZIT: Wer nicht wagt, der nicht gewinnt! Auch Ihr Schriftverkehr kann viel mehr sein als nur eine oberflächliche Aneinanderreihung von Buchstaben. Machen Sie Ihre Mails für andere zu einem Erlebnis!

Status quo: Emotionale Korrespondenz.

Notieren Sie jetzt gleich alles, was Ihnen an den jeweiligen Mails aufgefallen ist und was Sie geändert oder ergänzt haben:

....

....

....

....

....

....

EMOTIONALE SPRACHE: IHRE CHECKLISTE FÜR DEN ALLTAG

Das Set-up Ihrer emotionalen Sprache:

Die *mentale Einstellung* ist die Voraussetzung überhaupt. Sie sorgt für Lust auf und echtes Interesse an Mitmenschen und damit für Gespräche mit viel Offenheit, Respekt und Toleranz.

Kraft durch Emotion ist der Treibstoff emotionaler Sprache, ohne den gar nichts geht. Mit dem Glücksquadrat werden Sie Herr Ihrer Gefühle und erzeugen diese auch in anderen.

Klare Gedanken für klare Worte haben Sie automatisch, wenn Sie in einem emotional eindeutigen, positiven inneren Zustand sind und genau wissen, was Sie wirklich wollen.

Dann nutzen Sie *Sprache als Selbstmotivation,* und Ihre Worte klingen sofort klar, verbindlich und für Sie selbst und andere sehr leidenschaftlich, motivierend und begeisternd.

Die Macht des 1. Eindrucks ist bekannt, ohne Glaubwürdigkeit und gegenseitiges Vertrauen geht in der zwischenmenschlichen Kommunikation fast gar nichts. Die Emotion entscheidet!

Feinwahrnehmung als Erfolgsfaktor ist der Schlüsselfaktor emotionaler Sprache. Denn erst durch genaues Beobachten Ihres Gegenübers, seiner Mimik und Sprache erfahren Sie mehr.

Der Typ entscheidet ist ein Ergebnis Ihrer neuen Aufmerksamkeit und Beobachtungsgabe. Denn je nach Typ werden Ihre Worte völlig anders verstanden – und das sollten Sie erkennen.

Empathie ist der Schlüssel dazu und entspringt automatisch Ihrer Offenheit, Neugier und Ihrem echten Interesse an anderen Menschen, deren Wünschen, Träumen und Zielsetzungen.

Die Magie des Augenblicks ist das »A und O«. Sie faszinieren Menschen durch Ihre sicht- und spürbare emotionale Präsenz – gerade in der heutigen Zeit der geteilten Aufmerksamkeit.

Der Ton macht die Emotion, eine alte Volksweisheit, die heute viel zu wenig beachtet wird. Das Wort allein zählt, so meinen wir. Und die Betonung, die Emotion bleibt auf der Strecke.

Magic Words verzaubern, die oft vergessenen Zauberwörter wie »herrlich, phantastisch, wundervoll, prickelnd, zauberhaft, wertvoll, einmalig, faszinierend«.

Ihre *Nutzensprache überzeugt* viel schneller, weil Sie in die emotionale Welt anderer eintauchen, aus deren Sicht denken, fühlen und Ihre Worte wählen.

Oft sind *Bilder, Beispiele und Geschichten* der kürzeste Weg zum Herzen des anderen. Für die Wirkung emotionaler Sprache einfach unersetzbar, da Sie sofort starke Gefühle erzeugen.

Mächtige kleine Worte machen oft den Unterschied: »Wie geht es Ihnen *gerade?*«, »Wie *gut* finden Sie die Idee?«, »Wie *sehr* wollen Sie …?« sorgt für andere Emotionen und Reaktionen. Ebenso die Wörtchen »jetzt, gerade, wie, sehr, richtig«.

Sag es einfach positiv birgt ein tolles Potential, um den Blickwinkel zu verändern. Wörter wie »bewährt« statt »alt«, »exklusiv« statt »unbekannt«, »mutig« statt »chancenlos« bieten schnell neue Perspektiven.

Unwörter/Killerphrasen sind meist unbewusste, nutzlose Gewohnheiten, die ohne erhoffte Wirkung bleiben: »eigentlich«, »ja, aber«, »trotzdem«, »man« und so weiter kosten nur Zeit und sind wirkungslos.

Fehlende Informationen sind ein Grundübel unserer Kommunikation. Floskeln wie »Das ist immer so« oder »Das ist ein Problem« bergen wichtige Hintergründe, die gezielt entlarvt werden müssen.

Versteckte Botschaften sind mächtige Informationen, die Sie anderen scheinbar nebenbei senden. »Wie wollen wir *die letzten 10 Minuten* am besten nutzen?« kommt garantiert an.

Geheime Befehle lenken unsere Gedanken gerade auf das, was verneint wurde. »Denken Sie *nicht* an ... « oder »Sie müssen *nicht* sofort entscheiden«. Denn »nicht« kann das Gehirn nicht.

Drei mächtige Emotionsbooster übertragen Ihre persönliche Begeisterung, Leidenschaft und Überzeugung am schnellsten auf andere: Ihre Mimik, Ihr Blick und der Ton Ihrer Stimme.

Verbindlichkeit ist die Grundlage emotionaler Sprache. Sie bewirkt kein Gegen-, sondern ein Miteinander, macht Sie für andere zum verlässlichen Partner. Das, was Menschen lieben.